獻給我的爸媽，
給了我像植物自由生長的力量。

我的簡單生活練習

從衣櫃到心靈的斷捨離，擁有八十分就好的美好生活

艾波 著

從日常的每一件小事開始，
放下繁瑣複雜，學會用減法過生活，
你會發現，簡單就很幸福，幸福其實很簡單。

preface.

沒有標準答案的簡單生活練習

我一直深信，大部分的形容詞都是一種比較級，而不是絕對值。好比「簡單」與「複雜」。

剛開始練習簡單生活時，我看過坊間各種極簡生活的說明與介紹，並在生活中實踐這些方法。畢竟，一塵不染的空間、清爽舒適的視覺、減省打掃整理時間，還有省錢等諸多好處，誰能不心動呢？

實行一陣子後，比起極簡，我發現自己更喜歡用「簡單生活」或「有意識的生活」這兩個概念來看待自己的生活型態；極簡主義，單從字面上看，感覺太絕對，容易讓人產生刻板印象與框架。對我來說，所謂生活型態，僅僅是承裝與反映我們行為的容器，至於如何定義它，則端看從什麼角度衡量。而所謂的「簡單」與「複雜」，對於每個人、甚至每個時期的標準都不盡相同。

以我個人為例，還在當全職上班族時期，我的主要工作是商品採購，舉凡各種香氛產品、生活小物、居家用品，到家具家電都是我的工作領域。接收商品的最新資訊是生活常態，看的資訊增加，購買東西的管道變多，想當然耳，購物欲自然長年處於高漲狀態。找到划算好物或是購入最新商品，成為生活中很大的成就感來源。

回想當初的自己，現在會不會後悔或覺得過於浪費呢？

其實並不會。

當時的我正值事業上升期,對於商品美感的鑑賞力,以及物品是否實用,符合顧客需求,都是職業中需要培養的技能,如果不是透過經常性使用,親自比較各個品項的差異,並好好體驗這些物品在生活中提供的實質幫助與使用感受,我很難成為一個好的商品採購。加上前後十年,分別任職於兩個不同的選物店,同期聯繫的品牌多達一、兩百個,幾乎每一兩天都有不同的商務會議要進行,好好打理穿著,購入不同場合所需的衣物,除了讓我感到開心,也是工作中重要的一環。

隨著生活型態轉變,自從疫情開始,我的工作逐漸轉換成遠端辦公模式。這些曾經很重要的技能與工具,有些深植我心,但還有一些已不是標準配備,自然可以依照生活樣貌進行斷捨離,打造更清爽的生活空間。現在回頭看,當時還跟爸媽及弟弟一起居住的我,在房間裡存放的物品數量,的確過於多樣及複雜。

不過,也是因為當年的「浪費」,才造就出如今的我,這樣想來,這些走過的路便顯得彌足珍貴,沒有所謂好壞對錯了呢!

有一回,去剛生了小嬰兒的朋友家作客,家中很自然地散落各種嬰兒用品,以及來不及收拾的毛巾跟衣物,在我們這些外人看來,這是再合理不過的情況。作客過程中,所有人的目光全程鎖定在可愛的嬰兒

身上，整場聚會都是讚嘆跟歡愉氣氛。偏偏，這位朋友是位很注重生活品質的人，以前每次去她家作客，總是整理得乾淨舒適，餐桌上有條不紊擺放著待用的餐盤餐具。

直到小朋友入眠後，這位新手媽媽稍微卸下照顧者的緊繃神經，顯露出不好意思的神情，說道：「現在有了小孩，家裡總是亂糟糟的，真是不好意思請你們來家裡作客啊！」雖然這句話多少有點客套成分，我卻從朋友眼中，看到些許落寞神情。

當晚聚完餐回家的路上，我一路想著：「帶小孩真是不容易啊！原本活力十足的友人，也露出精疲力盡的表情。」其實在朋友家聊天的過程中，我感覺到真正令她沮喪的，並不是多出來的物品或紊亂的客廳地面，而是忙碌的生活節奏使她少了許多跟自己相處的時間。

我想對大部分人來說，清爽的空間都能讓人感到愉悅舒適，從減少物品下手，是維持空間整潔的合理解方，畢竟每個人的一天同為二十四小時，減少需要整理的物品，自然能夠更輕易地維持環境整潔。但比空間更重要的是，我們如何藉由每日的時間分配，找到那些令人安心的元素來舒緩累積的壓力，回歸內心的平靜。開始簡單生活的起心動念，不應該是一項競賽，也不該成為一種限制的標籤，而是透過貼合需求的空間與時間分配，讓我們能夠有餘裕地好好處於當下。

在現代社會，每個人或多或少都被環境與生活腳步推著往前走，也難免會遇到各式各樣不同的困境。但相同的是，我們都為了尋找自己理想中的樣貌前進，當你翻開這本書，也許期待透過「簡單生活練習」，提供一些對自己有幫助的方式，或是能啟發一些靈感，找到讓自己安心的瞬間。

至於我自己對於「簡單生活練習」的期待，它不是一種絕對正確的方式，也不是一種評判的度量表，我希望它更像是一種陪伴，有點像回到學生時期，我們與同學一起吸收跟練習著各種可能性。就算每個人的成效與方向不一定相同，但如果可以因此讓生活多一些有意識的時光，多關心一下自己的感受，即便是單純感受到多了一些陪伴，也會讓我倍感欣慰。

那麼，「簡單」與否，便不是最重要的事了！

CONTENTS

CHAPTER 2
輕鬆自在，宅家時光

CHAPTER 3
日常料理，八十分最美好

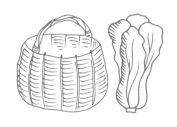

CHAPTER 4
簡單慢生活再進化

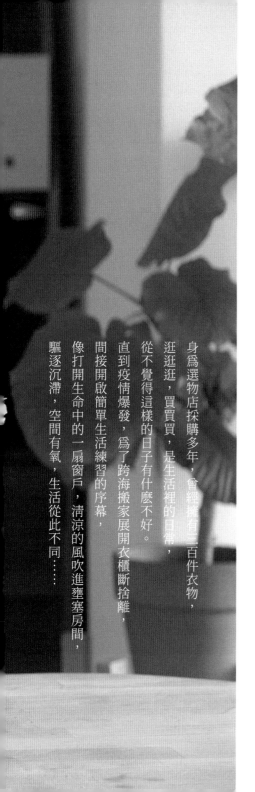

簡單生活養成術

身為選物店採購多年，曾經擁有三百件衣物，
逛逛逛，買買買，是生活裡的日常，
從不覺得這樣的日子有什麼不好。
直到疫情爆發，為了跨海搬家展開衣櫃斷捨離，
間接開啟簡單生活練習的序幕，
像打開生命中的一扇窗戶，清涼的風吹進壅塞房間，
驅逐沉滯，空間有氧，生活從此不同……

CHAPTER 1

簡單練習，
從衣櫃斷捨離開始

我曾經同時擁有超過三百件衣物，塞滿的衣櫃是生活的常態，卻從來不認為自己是購物狂。對當時的我來說，每件衣服都有存在的意義，沒有丟掉或捨棄的理由。

小時候，房間裡頭有個老式的嵌入式衣櫃，這個佔滿整面牆的木衣櫃，旁邊還有一個側開櫃，可以放入各種包包與收藏品。隨著年紀漸漸大了，跟弟弟分開房間睡，衣櫃就順勢成為我個人使用的空間。老式家具雖然樣貌復古，但是用料實在，容量極大，足夠塞進高中畢業前所有的衣服。

這些「身外之物」除了可以滿足女孩愛漂亮的欲望，更承載著各式各樣的回憶。例如小學一年級鋼琴演奏會時買的小洋裝，雖然樣式舊了，但看到它掛在衣架上，總會想起自己在舞台上顫抖的手指，還有台下鼓掌的聲響；看見為參加高中畢業晚會，媽媽買給我的蓬裙，當初銷售員認真推薦的模樣彷彿就在眼前。

對了，還有第一次打工存錢，去日本旅行時買的名牌包，就算因為保養不善發霉染色，仍想著可以拿去保養，或許哪天還能用上吧！

除了以上這些承載回憶的衣物，還有各式各樣的「當季流行」指南可以參考，在網路還沒有這麼盛行的學生年代，各種日系

雜誌，像是《non-no》、《ViVi》、《mina》、《SPUR》是我的每月必讀。大概也是從這個階段開始，添購每季流行的衣服款式，成為一種具有儀式感的大事。這些成長時累積的喜好與行為，一直跟著我到出了社會之後。

第一份工作，很幸運的，畢業沒多久就進入自己喜歡的零售品牌，從行銷部門的公關助理起步。依稀還記得，第一次去面試時，見到當時大約四十歲的女主管，妝感不濃，搭配著提升氣色的口紅，樣式簡單的過肩長髮，看起來氣質很好，她穿著寬鬆硬挺的白襯衫，搭配當時流行的牛仔喇叭褲，散發出自信堅定的形象；空蕩簡潔的辦公桌上，只有一隻 LAMY 鋼筆與削尖的鉛筆。對我來說，那便是內心嚮往的女強人模樣。

初入職場，在公司我的工作以打雜為主。每天進辦公室的第一個任務，就是幫大家清潔好咖啡機，放入當天要用的咖啡豆，並打開機器暖機。所以，我總是第一個到達辦公室。

泡好第一杯咖啡後，一邊喝一邊翻閱四份報紙，搜尋品牌在報章雜誌的露出，再來就是各種文書處理，幫公關前輩們列印新聞稿，確認媒體名單，打理各種需要的備品。工作中最大的亮點，應該是學生時期沒有參與過的記者會，雖然在活動上跟各家媒體記者編輯打照面，但都只是站在活動現場門口，負責簽

名簿與收名片這類小事。

職場菜鳥如我，沒有任何經驗或人脈，在那個時候，常催眠自己：「得體的打扮就是我的裝備！」也期待自己能因此看起來稍微「專業」一些。這些過往的成長歷程與工作環境需要，塞滿的衣櫃對我來說是理所當然的事。直到二〇二〇年，這一切竟然發生了改變。

當時，我的生活重心在上海，搬到上海的兩年間，因為距離不遠，交通費也不貴，一年差不多會回台北兩、三次。因為貓咪需要有人照顧，在移居上海這段期間，與室友在台北合租了一間老公寓，一方面回台時有個地方可以落腳，家裡的雙貓也有人隨時照顧。因為每次回來住的時間都以短期為主，家中東西很精簡，基本上除了短期居住所需的家具外，沒有太多日用品。

二〇二〇年初，我一如往常一樣從上海飛回台北過年，沒想到的是，這次因為疫情關係，我在台北一待就是五個月。一開始的滯留，其實是沒有期限設定的，因為疫情狀況不明朗，公司也有遠距辦公的政策，起初想著，「不如晚一個月回去吧！」而沒有期限的拖延，加上在熟悉的環境中，就這樣，在台北從溼冷的冬天，一路待到春末初夏。

因為一開始不確定未來的狀況，也不願意再給回上海的行李增加負擔，這段時間內，只幫自己添購了一件短袖 T 恤，兩件薄一點的上衣，與一件適合春季的襯衫洋裝，其他時間就用原本帶回來的一週衣物做搭配，竟也這樣度過了五個月。

神奇的是，經過這段時間的「忍耐」，發現自己並沒有新增太多購物欲，也不覺得日子裡有任何缺失，甚至因此感到生活變得更輕鬆。這些陪伴我五個月的衣物夥伴，就像相處久了的老朋友一樣，讓我更自在並珍惜地與它們相處，因此，我開始思考簡單生活之於我的可能性。

時間一晃過了將近五個月，我帶著減少物品的憧憬回到上海，開始有意識地整理衣櫃。起初的目標很單純，先從減少一半衣物著手，進行第一次篩選。經過好幾輪整理與斷捨離後，我發現有些類型的衣物，很快就可以決定它們的去留，甚至在購入之初，就可以透過審慎思考選擇不要購買，也就是從源頭就杜絕浪費。

一開始就該說 NO 的衣服

1. 為湊運費或折扣而買

大家都知道所謂的滿額免運或多件折扣，是商人的行銷手法。對於多年在零售業工作的我來說，訂定這些季節促銷活動，是每一兩個月都會有的例行公事。但即便這樣，我也跟大家一樣，因為不想付運費，或是想要「更划算」地購入喜歡的商品，往往會配合折扣機制多挑選幾件衣服。這些衣服通常都不是一開始就想要的單品，抱持著「應該有天會穿到吧！」或是「衣櫃裡好像沒有這個顏色」說服自己，統統加入購物車內一併結帳。

但是，這些衣服因為不是一開始最中意的選項，或真的需要購買的單品，所以當初預想的「有天」會穿到，往往並不會到來。至於設想添購衣櫃內沒有的顏色，可能這個色系根本就不適合我們的膚色及喜好。這些看似划算的衣物，可能在購入時因為一時的新鮮感，或後來在衣櫃放置過久的罪惡感，偶爾會被我們挑出來穿個一兩次，然後，便塵封在衣櫃中。

2. 「反季」的衣服

季末折扣對大家來說都不陌生吧！我也曾經因為熟知百貨以及各大網購平台的折扣季而暗暗自喜，尤其越到季末的時候，折扣越低。節省預算固然好，但這種反季購買的衣物，購買時要格外小心，不能單純因為價格因素下手，反而更要精挑細選，幫自己找到不會過時的款式。

一件原本上萬元的外套，到了冬天結束前，可能五折就能買到；漂亮的背心洋裝，秋天來的時候只要三折，聽起來是不是很划算？但這些短期內不太會穿到的衣服，放到隔年，雖然沒有穿過幾次，卻會因為是去年購買的衣服，在心理上將它歸類為舊品，甚至根本忘記它們的存在。尤其是當季流行的款式，到了隔年也許不再流行，漸漸地，這些衣物出場的機會自然越來越少。

3. 需要修改的衣服

我身邊有許多認識的朋友，對於每件衣物的尺寸都很在意，也總是積極地拿著剛買的衣服去量身修改。我並不是這麼勤勞的人，加上身形比較嬌小，尤其是下半身的單品，像褲子或裙子，常常需要修改，每次購入前，總想著「長一點無所謂吧！修改一下很快的」或是「肩寬應該也能修改吧，裁縫店的阿姨們都很厲害」。

但是抱持這種心態買回來的衣服，因為尺寸差得並不多，一開始都會忍不住想穿新衣的誘惑，想著先將就穿一兩次再拿去修改，結果時間拖得越久，越來越懶得拿去改。而面對這些「不合身」的衣服，自己也會慢慢降低想穿的欲望，想當然耳，最後的下場，便是徹底打入冷宮。

4. 快時尚流行品

大約十多年前開始，各種快時尚品牌進入我們的生活。還記得當時我在倫敦念書，靠著這些價格相對平實、款式又時髦的衣服，「拯救」了我的衣櫃。快時尚除了價廉，每兩週都會有新品上架的特色，也讓我時不時就想去「巡店」，逛逛看看。

在整理衣櫃的過程中，我發現這些當初因為流行而購入的快時尚衣服，因為品質不是選購時的首要考量，所以往往過了一兩季，就會因為款式不再流行或材質不夠好，多洗幾次就變形，根本不適合再穿出門，最後的結局自然也是打入冷宮。

5. 為特殊場合購買的衣服

不知道大家有沒有這種經驗？以前我會因為一趟海島旅行，或要出席某個特殊場合，而在有限時間內急著添購適合的服裝。由於這些衣服並不符合自己原來的生活場景，加上購買前沒有太多時間搜尋，匆匆購入。如果是比較誇張的衣服，像為了參加婚禮添購的洋裝，可能為了美觀穿起來並不那麼舒適，平常日子穿上又顯得過於隆重，很容易穿過一次便束之高閣。

其實就算現在，在穿衣這個領域，我仍舊是願意認真打扮的人。需要參加婚禮或重要晚宴時，總希望自己能穿著得體，代表對於新人及主人的尊重。所以在衣櫃中，我會固定準備兩三件質感比較好的洋裝，重點是盡量選擇好搭配的款式，例如細肩帶洋裝或是精緻的絲質上衣，因為料子好、版型佳，可以很好地透過飾品的選擇與搭配的巧思，在平日與特殊場合中，都能靈活運用穿搭。這種以質取代量的做法，是精簡衣櫃的不二法門。

需要還是想要？
學會有意識的購物

關於有意識的生活這個概念，我是開始練習簡單生活後，才越來越有感的。

倒不是說之前的生活，全都過得渾渾噩噩。在工作上，我知道自己的目標，也願意花時間去追求那些我認為值得的目標；在生活中，我恣意地讓自己做些想做的事，戀愛、玩耍、搬去不同城市居住，或是學習不一樣的事物。有很長一段時間，我的人生目標更像是一段「尋找自己」的旅程。

在這一路尋找途中，常常因為一頭鑽進某個堅持的牛角尖，可能太想用力或急著解決當下的問題，反而忘記了初衷，走著走著，竟想不起當初的方向是什麼。舉例來說，當年去倫敦念書，我並不是畢業後直接去的，而是在職場以菜鳥之姿打拚了三年之後，深知賺錢存錢不易，厚著臉皮拿出少得可憐的積蓄，請爸媽贊助剩餘的學費，才算攢足資金，帶著期待前往另一個國度生活。

出國前，「不要亂花錢」是我對自己的期許。然而落地後，一直以來出國等於購物旅遊的心情與習慣，一時半刻沒有辦法馬上轉換，加上搬到新的城市居住，要添購的東西林林總總，加總起來也要花掉不少錢，實在沒有能力大肆購物。於是，我養成一個習慣，在購買日用品的同時，也為自己挑瓶指甲油，既

滿足了購物欲，花費不高又不佔空間，成為我在倫敦生活時的
小確幸。

不出半年，房間中裝指甲油的盒子就滿到裝不下了，有天算了
一算，竟然在短時間內累積了四、五十瓶指甲油，這樣沒有意
識的行為，雖然單次購買花不了多少錢，但這麼多的指甲油，
一個人根本用不完，不僅造成浪費，與省錢的初衷也完全背道
而馳。

在練習有意識的購物時，我也發現，生活中有各式各樣零碎的
日用品，因為覺得總會用到，或是單價低，就多買一些放著，
好像無傷大雅。還有些時候，受到廣告或社群平台影響，忍不
住當下就想擁有某件物品的衝動，興奮地買回家後，卻因為沒
有想像中好用感到失望。

這些無意識的購物行為，就像是我們給自己設下一個又一個的
誤區，導致一不小心就囤積了好多備品，短期內根本用不完；
或是因為蜜月期過後不想再用，最後被遺忘在某個櫥櫃的角落
深處。這些讓人無法感受到幸福的物品，慢慢擠壓我們的生活
空間，還要多花時間去規劃收納與管理，想想真是不划算吶！

如果說訂定選物原則，是購物前養成深思熟慮的要素；那麼有

意識的購買行為，就像汽車的剎車踏板，可以有效地從旁輔助我，減少因為個性迷糊，一不小心踏入衝動購物的陷阱中。

培養有意識的購物行為

1. 定期清點「生活庫存」

說實話，我並不是特別愛打掃的人，所以家裡的例行家務，除了順手收拾的雜物，其他都以十五至二十分鐘內完事為基準，每天安排一種來做。

在一週當中，我會選一天整理櫥櫃，除了保持整潔外，主要是為了清楚掌握家裡的庫存。我的個性天生有些迷糊，不知道你們會不會這樣，去超市或賣場購物時，常常因為「印象中」好像快用完了，順手帶回牙膏、紙巾或是棉花棒等日用品。回家後才發現，雖然正在用的那個物品的確快用光了，但是櫥櫃裡還有未開封的全新品，尤其是牙膏或棉花棒，這些商品在一次購買的時候，可能是兩三盒一起買的，很容易在第一盒用完時就去補貨，根本忘了還有多餘的庫存品放在櫃子裡。

自從養成清點日用品庫存的習慣後，發現自己重複購買的情形減少許多，也不再覺得儲藏空間不夠。所以，我也把這個習慣運用到其他東西上，開始關注不同種類的物品數量，像是鍋具餐盤或

衣物，一旦搞清楚自己擁有的東西有哪些，就不容易在購物時產生「我缺少這個」或「好像快用完了」這種模糊的印象。就算沒辦法馬上打消購買欲望，透過對物品庫存的理解，也能在購物時迅速釐清自己是因為「想要」而購買，而非實質上的「需要」。

2. 計算物品的「管理成本」

不知道大家有沒有記帳的習慣？通常碰到生活中比較大的改變時，像搬家、換工作或進入人生新階段的時候，我都會燃起一股強烈的鬥志，鉅細靡遺地記錄自己的花費，幫每個階段的自己，計算一下生活成本。

了解自己的財務狀況當然很好，鼓勵每個人都花點時間試算看看，量化的數字也能幫助我們理解自己能負擔什麼樣的生活。不過，在購物前，除了金錢預算，若可以加入物品的「管理成本」，往往能更好的幫助我把錢與生活空間，運用在適合的物件上。

所謂物品的管理成本，主要是計算購入物品的時間與空間成本。與金錢的概念相同，每個人的時間與空間其實都是有限的，只是因為金錢有實質的存款簿可以掌握，而時間和空間沒有，導致我們常常忘記去計算它們。也因為每個人的狀況不同，一個物品是否「值得」購入，完全因人而異。

以我自身為例，我一直喜歡家中有地毯的感覺，尤其是客廳，除了讓居家氛圍看起來更溫馨，雙腳踩起來也很舒服，前一個租屋處，客廳便放了張大大的長毛地毯，除了好看，人多時，還可以跟朋友席地而坐，靠著沙發聊天。但一陣子之後我發現，雖然很喜歡這張地毯，清理時卻增加不少困擾，因為家中養貓，不出兩三天，長毛地毯上總是卡滿零碎的貓砂與貓毛。

到了換季時，貓咪難免會有吐毛情況，除了日常的清理，還要額外花上一筆專業清潔費。天熱的時候想收起，偌大的地毯在家中也很難找到容身之處。這次搬新家，理解對於現階段的生活狀態來說，地毯的「管理成本」遠大於它帶給我的「幸福感」，因此終結了自己對於地毯的憧憬，不再糾結是否要購入這項物品了。

3. 了解購物行為背後的眞正目的

我想，大部分的人對於購物紓壓這個概念都不陌
生，也許我比較遲鈍，並沒有感覺自己在壓力大
的時候特別想要購物。在還沒開始審視自己的購
買行為前，只是理所當然的把購物歸類成自己的
興趣之一。

自從開始有意識減少購物習慣後，我發現，自己
一邊享受減物帶來的輕鬆，同時也發現生活中突
然空出好多時間，因為不需要滑手機逛購物網
站，也不用比價搜尋資訊，一開始，甚至覺得有
點空虛，不知道怎麼填滿這樣的心情。

因此，我觀察到購物行為對我來說，更像是一種
成就感的來源，像是以划算的價格買到喜歡的物
品、第一手搶到限量商品，或是買入新奇物品滿
足了好奇心，進而得到心理滿足。諷刺的是，相
較於購買時所獲得的興奮與爽感，這些花錢買來
的物品，反而不是購買行為中最重要的「目的」。

既然理解了自己的購買動機，買物是為了滿足生

活中的成就感，而不是堆積物品。那麼，不如把這些時間與精力，花在累積不同的成就感上，例如學習一門課程，或是花時間做道沒試過的食譜，一旦建立了生活成就感的來源，對於購物的依賴自然降低許多。畢竟，比起物品，世界上還有好多沒有嘗試過的事，等著我們一一去體驗呢！

4. 購買前先試用看看吧！

在剛開始拍 YouTube 影片時，因為對於拍攝器材完全不熟悉，卻有自己預期的成果想像，著實苦惱了好一陣子。尤其對於相機這種高單價的物件，我常在購買前猶豫不決，害怕買了不適用而後悔，或是自己沒有堅持使用的動力，浪費了金錢，總是要花上很多時間研究跟比較。

後來，在網路上發現租用相機服務，為我開啟了一扇新的大門。因為可租用的相機種類很多，我大概花了一個月，把各種類型的機型都試用過一輪，才發現大家推薦 Vlog 用的運動相機，還有

輕便的卡片相機，跟我預想的效果不太一樣，沒辦法達成心目中理想的畫面。如果要購買這類機型，以我喜歡的拍攝模式來說，不如用手機拍，不僅效果差不多，還來得更方便與快速。於是，一開始便決定先用手機進行 YouTube 的影片拍攝，後續越拍越有心得，才購入更適合的單眼相機，也因為這樣，在頻道開始之初節省了很多器材費用。

如果想要的物品沒有租借服務，我也會趁去朋友家時試用，或是身邊有人有閒置的物品，先借來使用看看，除了實際試用外，還能聽到使用者的第一手心得分享，實在是很不錯的方式呢！

以上這些練習聽起來不複雜，甚至有些單調，不過實際執行時，常常一不小心就會忘記，或是因為一次改變太大感到不適應，進而產生挫折感。若想嘗試有意識的購物，最好的辦法是從生活中最常見的購物開始練習，例如，先挑幾個日常消耗品，開始注意自己的消費習慣，再慢慢推進到下一類物品。如此循序漸進，以免在生活中一次帶給自己太多壓力，而感到焦慮。

買還是不買？
快啟動居家選物計畫

選物這件事，除了是生活中的日常，也是我近十年的工作內容，而作為一個生活用品與香氛的選品採購，回頭看才發現，有些事原來是從小耳濡目染的習慣。

我的父親任職飯店採購，除了食材外，飯店內外所有物品都屬於他負責的範疇，從客房的家具、毛巾備品，到餐廳的用具，以及客人使用的杯盤餐具，各個領域他都會負責一些。也因為這樣，從小，我養成一個下意識的動作，每到一間餐廳，坐下的第一件事，都會跟爸爸一樣，翻起餐盤或杯子，看看杯盤底的品牌 logo。也許不一定認識所有品牌，但總是下意識想看一下，是不是熟識的品牌。

成長過程中這種習慣養成，不知不覺竟培養了對於品牌的敏感度。不管是不是工作所需，增加腦中的品牌資料庫，一直是我生活中很自然的一部分。然而，一直到任職採購工作後，才發現腦海中對於採購的想像——逛遍世界各地商展，挑選品牌、商品，把自己精心挑選的商品介紹給客人，跟實際工作其實有著蠻大的出入。

其中，印象最深的是桌上數不完的各類報表，而那些支撐著我們工作的數據，包括品類分析、商品庫存、消化率與陳列坪效等，都需要不停的觀察與調整策略。大多時候，一件商品是不

是能好好銷售出去，採購人員本身的美感或喜不喜歡這個東西，不是首要考慮因素。選品的邏輯是：考慮市場需求、競爭品牌的同類商品，以及消費者的使用習慣為優先，再來才是美感與喜好。

雖然具備這樣的工作邏輯和訓練，我卻沒有因此運用到生活上。現在想想，也許只是給自己購物的藉口，但當年，我大量嘗試新品牌或試用沒有用過的東西，都是理所當然的事。這樣的購物行為，或多或少在工作上給了我不少幫助，但對於居家環境來說，卻常常造成困擾。除了東西一多不好收納外，另一個很重要的原因，是這些不同時期流行的商品風格，在視覺上很不統一，所以看起來特別容易雜亂。

這些長期養成的生活習慣，在搬家時最讓人感到痛苦。堆積的物品不僅整理起來費時費力，讓人最感疲累的，還有面對決定物品去留時的罪惡感。

後來，我幫自己制定一套選物原則，藉此來管理自己擁有的物品數量，有點類似商品採購的角色，透過實用性、美觀性、重複的品項是否過量，以及空間是否能夠擺放等因素，來決定要不要「進貨」這個商品。把這項工作技能帶入生活後，不僅居住空間逐漸形成自己喜歡的樣貌，也因此更珍愛身邊的物品。

這個居家選物計畫分為兩個階段，第一階段是判別自己到底是否需要，或單純只是一時的衝動想法；決定購入後，第二階段則是判別哪些是值得入手的選項。

首先，判斷買與不買，完全取決於個人的生活型態。舉例來說，我幾乎每天都會用到的瑜伽墊，對於習慣做戶外運動，或更喜歡去教室上課的人來說，買了擺在家中，很可能變成佔空間的廢物，每次打開櫃子或打掃看到它，搞不好還會帶來莫名的壓力；而大部分台灣人家中都會有的大同電鍋，對於不太需要熱菜，也不常做蒸煮料理的我來說，只是浪費掉廚房檯面空間的無用家電。

通常在購買一項物品前，我會先問自己以下幾個問題：

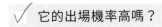 它的出場機率高嗎？

我會每天都使用這個物品，還是一年只會用到一兩次呢？不確定的話，也許可以找找有沒有租借方案，先試用看看是否符合自己的生活習慣。

 有沒有其他的替代方案呢？

如果一件物品的使用頻率不高，但是又無法因此打消購買念頭，那麼我在購買前，會試著先發揮想像力，在家尋找看看，有沒有適合的替代品。

✓ 在家裡它有「立足之地」嗎？

順手好用的位置，能讓物品的使用頻率大幅提升。回想看看，家裡那些藏在櫃子深處的道具，是不是曾經因為懶得拿出來，而減少想要使用它們的心情呢？

如果通過了以上的「靈魂拷問」，確定要購入這個物品後，接下來就是好玩的選品作業啦！

購物前的停看聽

可能因為工作的關係，我對於搜尋品牌與商品功能特別感興趣，除了去品牌官網了解產品資訊，留意不同品牌著重的商品類別，還會利用關鍵字尋找陳列照片，看看這個物件適合的空間氛圍，如果可以像採購參加商展一樣，去實體店面摸摸看看，材質、重量與製作的精密程度是否與想像中一樣，那是最好不過的了！

這個前置作業，能很好的幫助我理解品牌定位，像是認識新朋友一樣，過程雖然要花上一段時間，不過還蠻有趣的。畢竟購物切忌衝動，以下是我選擇購入物品時，一定會考慮的幾個面向：

✓ **寧缺勿濫**

就像挑生活伴侶一樣，最重要的是適合自己，如果還沒找到完美的款式，慢慢來也沒關係。騎驢找馬的心情，最容易讓我們因為妥協而購入不是真心喜歡的物件，就像合不來的伴侶一樣，用了一陣子就容易變心喔！

✓ **選個能用久一點的長期夥伴**

質感不好的東西，除了不好用或容易用壞外，也會大幅影響使用時的心情。

✓ **幫即將新增的物件找到隊友**

是不是曾經有過這種經驗：貨架上的單品看起來好美，買回家卻怎麼擺放都覺得不協調？那是因為忘了考慮周遭環境的氛圍及協調感，統一風格 / 顏色的物件，在視覺上會感覺更清爽。

如果這樣的敘述有些抽象，舉個我家購買氣泡水機的例子吧！

每到夏季，飲料在生活中的地位便被無限抬高。經過了嗜甜的人生階段，我的飲品選擇越來越少，直到某年開始迷上自製氣泡飲，就算沒有甜味，只要放片檸檬或果乾增添香氣，在口感與氣味的加乘效果下，不僅更健康，也能在炎炎夏日帶來清爽的氣息。

自從開始了喝氣泡水的習慣，因為幾乎每天都要喝上一兩瓶，一陣子下來，回收寶特瓶的垃圾量，突然比之前多出許多，除了麻煩，也覺得不太環保。觀察了一整個夏季，中間也利用家中的氣泡水嘗試幾款自製飲品選項，發現氣泡水除了日常喝，也能用來變化出各種花式飲品或調酒，像是西西里檸檬氣泡咖啡、梅酒蘇打飲，或各種新鮮水果氣泡特調，對我來說運用範圍蠻廣泛的。

有了這樣的想法，再經過一段時間的觀察後，我開始把氣泡水機納入待新增的居家購物清單中。為了讓打氣泡水這個行為更方便，接下來就要幫它在家裡找個適合的擺放位置。

當時覺得最適合的空間，是原來家裡電飯鍋擺放的位置。不過，如果要把電鍋移位，插座離得太遠，沒辦法在檯面上使用。於是，我開始測試把電鍋收在其他層架中，要用時再拿出來，看看會不會造成生活上的不便。大約測試兩個月之後，我發現，因為喜歡餐點多

樣性的個性，不是每天都會吃白飯，要用的時候拿出來，在餐桌上煮飯也有足夠的空間，反而更方便先生隨時添第二碗飯。

解決了氣泡水機的「居住」問題，第一階段的審核工作正式告一段落，接下來便可以開始挑選物件啦！

家用的氣泡水機，原理其實大同小異，主要就是把食品級的水溶性二氧化碳，藉由機器的壓力打進水中產生氣泡，能製造出類似碳酸飲料的口感。為了確定不同品牌的差異性，我們直接來到賣場，試喝了幾款不同品牌機種打出來的氣泡水，口感的確略有差異，雖然各有優缺點，但自家飲用影響其實不大，同時也能利用注入氣體的量來調整氣泡的衝勁。

排除了口感疑慮並經過思考後，不需要插電的機種，零件與功能都比較純粹，不會因為按鍵或面板故障需要維修，比較耐用些，若有天需要移位，也不會因為插電需求限制擺放位置。再來就是材質，因為喜歡金屬穩重的質感，不像塑膠材質容易有刮痕，相中了瑞典品牌「aarke」氣泡水機。

除了功能、外觀與材質符合喜好，手工拉霸打氣的形式也很有儀式感，打氣的時候像在酒吧櫃檯拉生啤酒的動作，使用起來很有趣。

這個品牌的氣泡水機，造型簡約，金屬材質稍微有點重量，在打氣的時候不用擔心會晃動，使用感受相當好。因為有各種顏色與金屬質感可以選擇，也讓我稍微花了點時間思考。帥氣的亮面不鏽鋼、帶點文藝氣質的霧面沙色，還有直覺上最好搭配的黑色與白色，各有各的優點，一開始我在幾個款式中沒辦法抉擇。

因為已經明確知道它的擺放位置，位於廚房旁層架上最方便取用的高度，一側是冰箱，方便平日製作氣泡水後，立刻放入冰箱冰鎮；另一邊是每天都會使用的 Balmuda 電熱手沖壺，旁邊是乾淨的杯區陳列，完整了家中飲料區的動線。確認了位置後，雖然霧面沙色是我一開始最鍾意的顏色，但思考視覺與搭配，很明顯的，選擇與電熱手沖壺一樣的霧面黑色，當作飲品區的主色，是再適合不過的選擇了。

看到這裡也許你會想，不過就是個氣泡水機，需要這麼麻煩的選品邏輯嗎？每個物品都這樣選擇，豈不要花掉生活中很多精力？

當然，身為採購喜歡選品的職業病，在這項生活任務上幫了我不少忙，經過這樣精挑細選，慢慢判別選定的過程中，能更明確理解，目前的購買行為是不是符合生活所需，也大幅減少購物之後後悔的比例，以及日後因為少用而需要斷捨離的罪惡感。加上如果物品能長期使用，短期內也不需要付出再次選擇以及購入新品的時間成

本，正因為是自己認真挑選進來的心愛物品，更符合使用場景與美感喜好，每次使用的時候，心中常常會浮現「當初選你真是選對了」的成就感呢！

透過自己的需求擬定「採購計畫」，可以降低生活中因衝動購物帶來的焦慮感，並且在居家環境中，落實被自己衷心喜愛的物品圍繞的喜悅。對我來說，這是很划算的精力付出呢！

習慣還是執著？
從生活必需品透視內心

記得剛開始偷偷化妝，大約是在高中時期，那個時候學校有服儀規定，每天出門穿的都是制服，還有關於鞋子款式與顏色的限制。對於十來歲的女孩兒來說，這個階段剛好是想要展現自我，對外貌特別在意的年紀，總想著怎麼樣把自己變漂亮，是生活中重要的憧憬。

我清晰記得，有一天補習班下課，我在等公車回家時，看到路旁的藥妝店，考慮了好一陣子，決定轉身走進店內，想為自己添購人生第一項彩妝品。在店裡，我像被禁足已久偷跑出來玩耍的孩子，看到什麼都想拿起來研究，並且大方試用陳列架上的各種顏色，一邊動起腦筋，思考什麼化妝品是自己可以偷偷使用，不會被媽媽發現，進了校園也能安全過關的選項。

我在腦中盤算著：粉底上起來差異性不大、眼線好像有點過於招搖、口紅則是一眼就能看出有化妝……考慮許久，我拿起人生中第一支睫毛膏，一邊結帳一邊得意地想著：「睫毛膏應該是完美的選擇吧！安全不容易辨識，加上流行雜誌上都說，偷偷拉長的睫毛，能讓眼睛看起來放大兩倍呢！」

當時的年紀，還沒學會觀察自己的優缺點，或是怎麼樣找到適合自己的風格，我在意的都是一些「標準」的漂亮守則，例如怎麼樣讓眼睛看起來大一點，皮膚白一點，或是嚮往像明星那

樣修得細細長長的挑眉（現在看來很不可思議）。

也是從那天開始，不管要去哪兒，出門前，我總要躲在房間裡，小心翼翼地擦上睫毛膏，照著鏡子轉動角度，檢查有沒有不小心塗到上下眼皮，確認完美無瑕後，再把睫毛膏裝進書包內隨身攜帶，生怕一不小心就弄丟了。

這個每天出門前的儀式，成為我躲在房間的小秘密，而睫毛膏，就像是讓我變漂亮的魔法棒。如果當時有人問我，生活的必需品是什麼？睫毛膏絕對是排行榜上的第一名。

這麼多年過去，現在我的化妝程序中，最常省略的步驟就是刷睫毛。感謝爸媽生給我濃密的睫毛，加上我的五官偏小，其實就算不畫，妝感的平衡度也不會降低太多，太濃密的睫毛妝容，反而讓眼神不明顯，看起來有種過於厚重的感覺。

因此，化妝時經常直接跳過這個步驟，偶爾想到當年仔細刷著睫毛膏的年輕自己，如果乘著時光列車來到身邊，會不會大力搖晃我的肩膀，喊說：「妳怎麼忘記要塗睫毛膏了？這是放大眼睛的神物啊！」

生活必需品就是如此神奇的存在。它可能是一種執著、也許反

應了我們的身心狀態、抑或是某些追求、甚至是對於自我的期待與想像。出於好奇心，我在近期詢問了身邊朋友以下這個問題：「如果可以選五個生活必需品，你會選什麼？」

以提問的角度而言，這可能不算是個好問題，這樣沒頭沒尾，沒有明確的場景、狀態描述，單純是一個直白粗暴的開放性問句，反而造成答題人的困擾，開始有人反問：

「是去了荒島要帶什麼嗎？」
「意思是我現在人生中最重要的東西嗎？」
「是我喜歡還是我需要依靠的物件呢？」

看到大家對於我任性丟出的問題如此重視，深深感到溫暖。搜集不同答案的過程很有趣，可以了解大家對於生活的看法，或是對每個人來說，感到安心的事物是什麼，藉此也能更進一步了解身邊的人，甚至發現他們的另外一面。

例如，平時看起來開朗，一肩扛起自創品牌的朋友，其實身體敏感度特別高，像是白花油、眼藥水這一類修護型保養品，都是她離不開的物品；而平常看起來隨和，什麼都不放在心上的好人緣朋友，其實是思慮縝密的實用派，選擇的時候會整體一併做考慮：是不是全年四季都可以使用，並且跟我詳述選擇每

項物品的理由。

其實這個問題，我每隔一陣子也會再次詢問自己，藉此來了解自己目前的生活重心，或喜好轉變，也能因此知道自己在意的生活習慣有哪些，並檢視在目前的生活中，有沒有空出時間好好地讓自己投入在喜歡的事物上。

舉例來說：

‧ 常需要旅行或出差的時候，必需品可能會包括小包裝的生活消耗品，或是各種較為輕便的選項。碰到這種時候，我會特別在意自己有沒有好好休息，是不是記得停下腳步看看周遭的環境？

‧ 生活較有餘裕的時候，當下感興趣的相關用具，就會比較多。但這種時候，我常常一不小心就易陷入五分鐘熱度的陷阱，進而一次購買太多相關道具或課程，卻忘了反思，自己是否有熱情及時間長期投入。

‧ 在工作或生活腳步比較緊湊，心情上比較焦慮時，可能就會更依賴各種讓我放鬆的物品，特別想購買精油、泡澡用品，或是各種紓壓小物。這時，我會特別留意近期的飲食與睡眠

狀況，以免自己因壓力而過度放縱飲食，或是以犧牲睡眠來「熬」出一種心靈上的自由感。

這是我的生活必需品

作為自由工作者，在家的時間，比起任何人生階段都長，現在，我的生活必需品又有哪些呢？

1. 熱水壺

搬家時第一個購入的家電便是熱水壺，從小養成對於煮過的開水之依賴，就算裝了過濾器，通常要喝的水都還是要煮沸過，加上我有手沖咖啡與泡茶的習慣，基本上每天都需要用到熱水。感謝現在有越來越多品牌，推出帶有手沖功能的熱水壺，不需要另外購入手沖壺。

煮飯時間緊湊時，急性子的我也會利用快速加熱的特性，用熱水壺煮好開水，減少用鍋子把水煮開的時間。對我來說，熱水壺是我在家每天都會使用四五次以上，生活中不能或缺的重要夥伴。

2. 電子閱讀器

電子閱讀器的好處，在推出市場多年後才體會到。曾經，我也是堅定的紙本書擁護派，因為在書店工作過，紙質書本翻頁時的手感，與書櫃散

發出來的特殊氣味，都讓我感到安心。

一直到經歷幾次搬家，並且轉換工作跑道後，才慢慢改觀。每次搬家整理書櫃，對我來說著實困擾，因為書本的重量很重，搬移起來不方便，加上對於紙本書的依戀，要捨棄看過的書，總讓我陷入長長的思考。加上採購工作經常有出差需求，看書時間因此常常夾在旅途中，每一次都要背著幾本書一起出差，實在不夠輕鬆。

自從我開始嘗試使用電子閱讀器，已經完全成為愛用者。使用電子閱讀器時，如果不開背光，大約兩週都不用充電，加上輕便好攜帶的特性，看書當下可以隨時按心情選擇書籍，還可以更換喜歡的字體。也因為這些特性，讓我大幅增加閱讀時間，雖然現在碰到特別喜歡的書籍時，偶爾還是會賞紙本書，但因為電子閱讀器的存在，幫我大大減少書櫃空間不足的遺憾。

3. 一把好用的鍋子

現在待在家的時間比較長，煮飯對我來說，是

一天中的療癒時光。

回想過去，煮飯頻率與現在最接近的階段，應該
是在倫敦念書那段日子，除了想念家鄉的口味，
煮飯更是我的省錢技能。在當時，身為沒太多閒
錢在手的留學生，對於鍋具的要求不高，去一趟
平價賣場，挑把尺寸合適、價格平實的鍋子，就
是最好的選擇。

現在就不同了，買鍋具前，要考慮的重點多出不
少，除了輕便順手，鍋子的材質與適合的烹調方
式，也是選擇重點之一。我目前最常使用的是相
澤工房的業務型鐵鍋，雖然花了一段時間與它磨
合，不過平實好看的外觀、越用越順手的特性，
都讓我深深著迷。

4. 舒適的睡衣

我的入眠時間比較長，加上感官比較敏感，一有
風吹草動，或是碰到不舒適的材質便無法入睡。
除了寢具，一套舒適的睡衣也成為減少睡眠阻礙
的因素，所以，睡衣的挑選是我維持睡眠品質重

要的一環。

年輕的時候怕熱，穿的都是短褲配細肩帶背心，
挑選重點在於款式以及上面的花樣。過了三十歲
後，睡衣的包覆程度慢慢增加，材質也以透氣柔
軟為主。目前最常穿的睡衣是無印良品的二重沙
織系列，這個系列的材質很柔軟，重點在於無側
縫的貼心設計，就算像我一樣睡姿不佳，喜歡翻
來覆去的人，也不會因為卡到側邊的縫線而感到
不適。

5. 生活中的香氣

我很喜愛各種香氛產品，但因為家中養貓的緣
故，對於香氛商品的使用需要特別留意。

除了使用時維持空間的通風性，不使用擴香瓶等
長期揮發類產品外，精油的種類也要仔細挑選。
不過就算有限制，在生活中加些喜歡的氣味，對
我來說還是相當重要的事。日常使用的洗手乳、
肥皂或洗碗精，都能因為添加的香氣而讓我感到
幸福。

最近發現台灣品牌「野田實驗室」，推出了養貓家庭專用的精油地板清潔劑，精油的氣味很舒服，也能安心使用在貓咪們每天或坐或躺的地板上，很感謝這些貼心的品牌，為了養貓家庭特地推出適合又好用的產品。

你現在的生活必需品又是什麼呢？

如果有時間，不妨跟我一樣列出清單來，你的生活必需品就像一台掃描機，透過對它的省思，你會更了解自己的狀態以及對於生活的期待。

What's in my bag？

說來慚愧，一直到不久之前，我的包包裡總是雜亂地放著各種未知的物品。

因為沒有養成隨手整理以及回家清空包包的習慣，往往都是臨到出門前，為了搭配需要更換包包，我才會把當天要用的物品，從上一個使用過的包中拿出來。而那些不需要的雜物，就像吃湯麵時沒撈到的配料，因為沒有必要性，撈起來吃又有些麻煩，一不小心就沉積在包底。

這些落在包底的小物，包括出門在外沒地方丟的小垃圾、綁頭髮用的髮圈或小髮夾、不知道什麼時候拿到，又不想用的贈品、忘了哪個同事給的小糖果，本應該是裝載我當天需要物品的包包，竟淪為近期雜物的博物館。

「包包」在外出裝扮中，尤其對於女生來說，是個特殊的存在。除了單純裝載外出用品，包包不僅代表了主人的品味與消費能力，出門在外時，也有點像是一個具體而微的舒適圈，乘載了那些我們不一定想跟所有人分享，專屬於自己的迷你私密空間。至少，對我來說是這樣。

剛開始練習簡單生活時，我陷入了一股熱誠，想在生活中盡可能的，好好活用簡化帶來的好處。當然，每天出門要攜帶的包

包，也成為我的目標之一。

整理包包的方式與衣櫃差不多，首先，把包包內的所有東西拿出來，包括化妝包、錢包與各種收納袋中的物品，一次把所有東西都攤開，數了一數，包包裡大約有三十幾樣東西，才知道原來每天帶出去鍛鍊肩膀承重力，卻不一定都會用到的雜物這麼多。

其中，改變最大的應該是我捨去了化妝包，還有各種以防萬一的小物，只留下一支出門補妝用的唇膏，也因此減去了大半的重量。在整理過程中，挑出這些非必要的物品，就像是一種自我探索的過程，我發現大部分覺得要帶出門，其實卻不一定會用到的東西，主要都是源自於一種安全感的匱乏。

因為擔心妝容不夠完整，臉上哪裡不夠漂亮，即使出門在外，根本不會補腮紅跟眼影，還是不自覺把整個化妝包背出門；明明安排好整天的行程，卻擔心中間有漏失，或朋友臨時有事遲到等意外，還是帶本書或筆記本出門，以免到時候需要找間咖啡廳坐下來等待，自己一個人不知所措。有時候不知道今天會出門多久，為防止手機沒電，出門的前一秒，匆忙抓了行動電源跟充電線放進包包。

整理時，這些堆積在包包中的物品，喚起了當初放入的場景與心情，驚覺這些「擔心不便」的憂慮，曾經為我的日常行程增加多少負重。為了訓練自己放下這些看似微小，卻每天都影響著我的不安全感，也解救我長久負重的肩膀，我決定把包包裡的物品盡量減到最少。

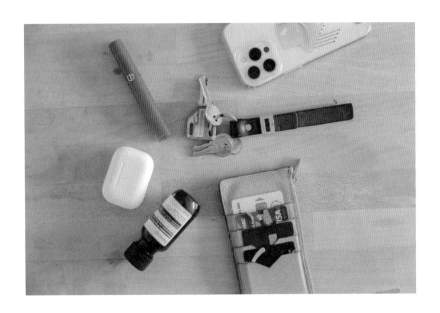

包包裡的必要之重

現在,我的包包內又留下哪些「必要之重」呢?

1. 手機

雖然希望能盡量減少手機的使用率,不過,它仍是出門的重要夥伴!除了通訊、打發時間、聽音樂、查找地址外,手機現在還多了支付功能。有賴於線上支付與發票管理功能的發明,我身上的零錢與發票,因此減少許多。

我使用 iPhone 已經好多年了,目前不太會有該不該換手機的困擾,如果電池還沒有用壞、拍照功能也夠應付日常所需,我會繼續用下去。但如果電力已經不能支撐出門所需,那麼,我便會毫不猶豫地換個新夥伴。平日用的耳機與電腦也都是 Apple 品牌的,同系統的好處是不用另外適應,App 跟行事曆功能可以同步,充電線也能共用。

2. 乾洗手凝露

這三年因為新冠疫情的緣故,出門戴口罩與隨時

消毒，成為生活中必須要做的事。

在為雙手消毒這件事上，我喜歡用 Aesop 的賦
活手部乾洗清潔露，比起噴酒精，我覺得使用後
比較不會使肌膚感到乾燥，加上香味很舒服，帶
有陳皮、迷迭香跟大西洋雪松的草本味道，消毒
的同時也能感到療癒。因為小罐的單價比較高，
所以我買了大瓶裝放在客廳，除了客人來訪時可
以使用，出門時，我會利用旅行組內的洗髮精空
瓶，分裝成小瓶隨身攜帶。

3. 無線耳機 airpods

大約是從在倫敦念書時養成的習慣，一個人出門
時，一定會帶著耳機。因為過於吵鬧的環境常讓
我感到煩心，也意外發現，耳機可以幫助我，願
意在嘈雜的街上多走些路。

以前用的是隔音較好的耳塞式耳機，但台北巷弄
小路特別多，聽不到外面的環境音，難免有點危
險。自從換了 airpods 後，發現它隔音不如封閉
式耳機好，但這個缺點反而更適合常在城市中行

走的我。因為現在在家工作，出門的頻率比較少，所以出門時，如果天氣許可，我會提早一站下公車，戴上耳機，聽著喜歡的音樂，悠閒的走回家。

4. 錢包

錢包現在對我來說，並不一定是必需品，如果只是簡單去超市或熟悉的商店，我通常不會使用現金或信用卡，改用線上支付。不過如果是正常的出門行程，大部分還是會攜帶錢包。

目前我使用的錢包是 VALEXTRA 的，一直很喜歡這個品牌簡約的設計，皮質也很耐用，錢包我大約使用了六、七年，荔枝紋的皮面比較耐刮，不容易有傷痕。這個長形卡夾的錢包，因為很薄，幾乎所有的包包都放得下它。裡面除了證件與現金，因為近期胃比較敏感容易脹氣，偶爾也有需要用到止痛藥的情況，因此，錢包裡還放了一包胃藥以及一顆止痛藥，以防萬一。

5. 唇膏

我最喜歡的唇彩是 Giorgio Armani 的絲絨訂製唇萃，在還有幾十支唇彩的時候，基本上我有百分之五十的時間也都是用它。就算沒有化妝出門，簡單上個唇彩提升氣色，整個人看起來也比較有精神。我喜歡 200 與 206 這兩個色號，200是較淡的豆沙棕色，適合平日出門使用，因為唇萃是霧面質地，少量拍開後，也是漂亮的腮紅，一物兩用很方便。

另一支 206 是偏辣椒色的紅棕，顏色更濃烈點，如果當天有特別打扮，或是晚上出門時，擦上這個色號的唇彩，讓我覺得整體搭配更協調。

6. 鑰匙

為什麼把鑰匙放在最後呢？其實我是個很容易弄丟東西的糊塗蛋，從小得到第一副鑰匙開始，不知道弄丟了幾把，所以我總是在出門前的最後一刻，會再檢查一次是否帶上鑰匙。

自從搬出來後，不管在哪個城市，我習慣多打一副鑰匙，放在信任的朋友家，以備不時之需。我的鑰匙圈是 CELINE 的，用了超過十年，現在看起來還是跟新的差不多。簡單的金屬方釦，搭配棕色的皮革設計，屬於 Phoebe Philo 還是設計師時期的產物。喜歡它簡約沒有多餘造型的設計，從當時在品牌工作時，便一直沿用到現在，也算是我人生軌跡中的一個紀念品。

現在出門前，一邊從門口的置物碗中拿東西，看著被我收入包包內的物品，常想，比起之前像練舉重般總是塞得滿滿的包包，現在這樣「輕裝上陣」的自己，除了對常常痠痛僵硬的肩頸更溫柔，也好像更符合現下的心境——減去過多的擔憂與焦慮，帶著少量但必備的行囊，簡單堅定的往未來的旅程出發吧！

減去這些習慣，
生活更輕鬆！

如果要問一個人的生活樣貌是由什麼形塑而成的，比起擁有的物質，現在的我更傾向於認為，選擇對於哪些事物說「不」的決定，更能展現一個人的個性。

身為選物店的採購多年，除了獲取新品牌的資訊、談合作方案外，工作職責中另一個很重要的部分，便是在眾多產品中，刪去大多數的選項，藉由減去那些不適合的產品，進而找到適合市場顧客的商品組合。

然而，做了多年採購之後，一直到這兩年，我才開始把這個概念運用到生活中。簡單生活練習之於我，便是這樣的存在，雖然不強求精準的數字，但光是練習「有意識的生活減法」過程，便能藉由刪除那些不適合的生活習慣，把時間與空間挪給對我們來說真正重要的事。

因此，除了物品的斷捨離，我在練習過程中，最大的獲益便是找到適合的生活習慣與節奏。雖說是尋找，但在實際執行上並不全然都是「加法」，很多時候用的其實是「減法」——先戒掉那些花費時間與金錢，卻沒有任何好處的生活習慣。因此在開始練習簡單生活之初，我特意花時間檢視自己的習慣，有意識地找出一些能藉由捨去就對自己產生助益的行為，真正過上減法生活。

✓ 生活減法①：戒掉手機截圖

首先是最不費時，卻可能是我最常做的行為，就是戒掉手機螢幕截圖這個習慣。

以前使用手機的時候，尤其在瀏覽各種購物平台，或是滑 Facebook 跟 Instagram 等社群軟體時，會不經意看到心動的物品或想去的地方，因為怕自己忘記，當下又不想拿筆記錄下來，這時候我就會利用螢幕截圖功能拍下來，存在相簿中，總覺得有一天會回來搜尋這個東西。但事實上，只要經過一段時間，興致過了，再也不會回頭查看。久而久之，這些照片穿插在日常生活照中，有時候就算看到了，也根本想不起來，自己當時為什麼會把這個東西存起來，就讓它們混雜在手機相簿中。

整理這些照片，除了需要花費時間與心力，也讓手機裡的畫面資料凌亂，不但沒有達到截圖之初，以為可以省去查找時間的目的，反而浪費更多時間去做刪除與整理的工作。

直到有一天，手機容量滿了，我不得不整理這些照片時才開始思考，如果在看到資訊的當下，心中並沒有因為特別需要而立刻搜尋，也許就代表我並不需要它們。而這種擔心遺漏資訊的想法，正是現代人常見的資訊焦慮症，截圖僅是讓當下的自己

安心，卻換來未來的焦慮。當我清楚認知自己的心態後，便能
輕易地戒掉這個習慣了。

✓ 生活減法②：不再外包照顧自己的保養課程

第二項戒掉的習慣，是外包照顧自己的工作。這個習慣在我的
生活中行之有年，作為忙碌的都會上班族，週末要如何平衡娛
樂與休息，一直是生活中的重要課題。除了各種聚會及出遊行
程外，我習慣在週末幫自己排定各種保養行程，不管是做臉、
做指甲或精油 SPA 按摩，都是定期給自己的犒賞。基本上每一
到兩個週末，我會輪流安排各種放鬆課程，讓自己卸下週間工
作的疲憊感，同時也滿足了「花錢的成就感」。

但是長期下來我發現，這些行程單純變成一種例行公事，不僅
放鬆充電的感覺降低了，也因為幾乎每隔一兩週就要空出一個
下午的時間，加上偶爾要跟家人朋友聚會，以及參加有興趣的
活動，週末能在家好好休息的時間完全被排擠掉了。並不是說
不應該參加這些課程，而是當我們習慣把照顧自己的工作外包
時，卻可能在心態上忽略了「我要好好照顧自己」，反而容易
陷入花了錢，身心狀態卻沒有得到改善的困境中。

於是，我將固定的外包保養課程從行程表上刪除，並在日常生

活排程中，刻意空出時間來從事自我保養，以達到目標。例如每天花十五分鐘做運動，確保每晚能有充足的睡眠；在飲食上更用心的選擇食材，維持均衡的營養；甚至找一件感到開心的事情來做，這些落實在生活中的「自我保養」，對於身體跟心情的放鬆更有幫助，自己的狀態也比從前更好。而在每天都能好好照顧自己的前提下，任何外加課程，才能真正為生活加分。

✓ **生活減法③：退出無謂的社交群組**

第三個戒掉的生活習慣，是退出各種 Facebook 與 Line 群組。

不記得從什麼時候開始，社群平台上除了生活圈中認識的人、追蹤的品牌與 KOL，還多出各種社團與群組，這些群組內容包羅萬象，不管是團購、折扣資訊，或是收納整理、各種愛好興趣都有。

一開始我也覺得蠻新奇的，想著可以省去自己查找資訊的時間，加入了一些網路群組。當然，社團的好處是資訊多，有來自四面八方的網友，不過也因此常常收到各種訊息或通知，偏偏我又有個習慣，看到手機桌面上任何沒有點開的提醒數字，就會想要盡快點開來看看，也因為這些群組中大家熱心的分享，導致我不知不覺無意識的一直想把手機拿起來，看看有沒有更新

或漏掉什麼訊息。

加入幾個社團後，除了更頻繁地查看手機，還常接收很多片段資訊，卻沒有真正記起來。明明因為想整理環境加入了收納群組，卻意外引起更多購物欲望，居家空間也沒有因此更整齊。當然，這只是我的自身狀況，我相信很多人因為加入這些群組得到幫助，或是找到志同道合的朋友。不過對於容易分心的我來說，這樣過多的資訊到最後反而變成一種負擔。

自從下決心退出大部分群組，也不再參加任何團購社團後，反而覺得手機版面清爽很多，有種回歸自我的感覺，生活上也少了很多打擾，思緒不再片段化，心情因此輕鬆許多。

✓ 生活減法④：不再無意識的「逛街」

從小我就很喜歡逛街，尤其去到新城市，習慣藉由觀察不同商店，來了解與認識這個城市的文化跟生活習慣，從百貨公司、市場、超市，到各種獨立店面、選貨店跟小雜貨店，不管販售什麼類型產品的店鋪，都很喜歡去走走看看。

自從開始檢視自己的生活習慣，我發現有一種之前做得最頻繁，卻不再需要的逛街模式，就是「無意識」的逛各種藥妝店或生

活雜貨店。

以前在下班通勤回家的路上或出門吃飯，經過藥妝店與雜貨店時，總喜歡走進去摸摸看看，想著不知道有沒有新出的產品，或需要補貨的東西，可以順道帶回家。這種逛街形式單純就是打發時間，完全沒有目的性，看到了就心癢想走進去逛逛，有一種經過不進入，好像就錯過一個機會的感覺。

正因為這種無意識的逛街習慣，家裡總會有一些沒有經過思考而購入的東西，不管是多出來的保養化妝品，或是一些在店內陳列看起來很「有用」的居家小物，單價不高，買起來並不心痛，所以不知不覺堆積了不少這類「戰利品」。以單次購物消費來說，也許花不了多少錢，不過長期累積下來卻非常可觀。

自從戒掉無意識逛街這個行為後，除了減少不必要的生活開銷，還幫我減輕不少收納困擾，櫥櫃中少了許多要整理的東西，廚房的抽屜內與廁所的洗手台上，也少了不一定好用的道具，以及用不完的瓶瓶罐罐，視覺上看起來清爽很多呢！

斷捨離教會我的五件事

說到極簡主義，跟大部分人一樣，我第一個聯想到的名詞就是「斷捨離」，透過斷絕不需要的東西、捨去多餘的物品以及脫離對於物品的依戀與執著，來達到空間與心靈的平靜。這個過程聽起來既神奇又美妙，但身為喜歡購物到以採購維生的我，卻遲遲沒有親身嘗試。

直到三年多之前，因為搬家的緣故，終於有足夠的理由及動力，為了進行跨海搬家，正式展開全家斷捨離，算是首次體驗到清理物品的好處，也慢慢開始把這個概念，運用到生活的不同領域中。在這個過程裡，我學習到簡單生活可以有各種不同樣貌，當然，也能找到適合我，且為我量身定做的版本。

這個斷捨離的過程，有很多感到舒心愉快的時刻，但也有一些讓我迷惘及挫折的時候，甚至回頭看，覺得有些後悔的經驗。現在回想起來，如果在還沒開始練習簡單生活時，便能事先想明白這些事，也許，我能節省一些走彎路的時間吧！

✓ 體會①：不要為了丟而丟

一開始執行斷捨離的時候，剛好要從上海搬回台北，東西少除了可以減少打包時間，還可以節省運費，所以在當時，「丟東西」是很吸引人的選擇，加上在上海賣二手物品既方便又快速，

出清物品一點都不困難。也因此，我在一開始便一口氣刪減了大量物件，除了獲得丟東西的快感，也能立即感受到減物帶來的好處。

回到台北生活後，因為想繼續收穫類似的減物好心情，有點像上癮一樣，持續丟掉更多物品，但這種行為進行到後期，很容易陷入「為丟而丟」的惡性循環。例如因為立下連續丟東西多少天的志向，便在家裡尋找各式各樣需要丟棄的物品，一開始也許輕易就能找到不需要的餘物，清理出更舒適的生活空間，但是越到後期，可能單純為了「今天一定要找到東西丟」的心態，拚命尋找還有沒有不要的物品，甚至因為找不到東西丟而產生焦慮感。

任何人在執行斷捨離計畫時，一旦發現自己有這種情況，記得先暫停一下腳步，好好檢視一下目前的環境，是不是已經達到令自己滿意的狀態；或是雖然還沒有完全滿意，但丟東西這個行為已經變成一種心理負擔，違背了讓生活更舒適的初衷。這時候不如先把這個目標放下，等到哪天有了整理的欲望與動機再開始吧！

✓ 體會②：有得才要捨

不管是整理或斷捨離的過程，對大部分人來說，減少視覺雜訊與煩躁感，應該是最立即得到的好處，這也是我自己在練習簡單生活的前半年覺得最開心的事。不過，隨著斷捨離的次數越來越多，需要丟棄的東西隨之越來越少，現在對我來說，最重要的反而是斷捨離過程中學習到的事。

例如在整理衣櫃的時候，藉由留下與捨棄的衣服，搞清楚自己最常穿的衣物版型是哪些，或什麼顏色對我來說是最好搭配的，透過這樣的思考與自我了解，捨物的過程便是一種學習與獲得，而有獲得的捨棄，不管是收穫了好心情，或是藉此更了解自己，花時間斷捨離才有意義。

但如果發現自己把東西丟掉後，只是一味的後悔或是批判過去的決定，抑或是物品減少後覺得空虛，進而想購買更多東西來滿足欲望，從而陷入丟了再買、買了再丟的循環，那麼斷捨離很可能單純變成一種購物的藉口。這個時候，不如先暫停斷捨離行為，把心力放在整理身邊的物品，清點自己的空間與心態，藉由這些行為來確定自己真正想要的生活方式，比一味狂丟東西來得更有幫助呢！

✓ 體會③：不要幫別人斷捨離

剛開始整理衣櫃與家中物品時，家人與朋友們對於我的行動充滿好奇，時不時就來查看進度，並詢問怎麼捨得減少這麼多物品，還有減物的判定標準是什麼？於是，我開始與身邊的人分享心得，並且偷偷期待著更多人跟我一起踏上減物的旅程。

然而，故事完全沒有按照我的預想發展，中間我也曾經想要勸說，看看有沒有可能改變旁人的想法，漸漸的我發現，簡單生活這個話題，在與人溝通時變得帶有壓力，尤其是惜物的父母，常常只要我開了頭，對話就往不歡而散的方向發展。

可能我的起心動念是好意，但不管是企圖改變身邊的人，甚至直接丟棄別人的物品，這類行為往往會侵犯對方的自主權，就像在我們練習簡單生活的路上，有個人一直在身邊碎唸這樣好浪費，或說出：「誰叫你當初要買這麼多東西，現在又後悔要丟掉！」反而忽視了當下對我們來說最重要的事，我想自己也會因為不被理解而感到不快，進而產生爭執跟誤解。

所以，不論多好的初衷，如果一味強加自己的想法到別人身上，結果通常不會太好，僅僅造成他人的心理負擔罷了。

✓ 體會④：捨不得丟就不要丟

「如果想清理東西，卻一直浮現捨不得的想法該怎麼辦？」

不論私底下或經營社群，這是我最常被問到的一個問題。雖然聽起來像廢話，但碰到這種情況時，我總是會告訴對方：「捨不得就千萬別丟！」

每次我這樣回答時，朋友的臉上總會露出複雜表情，看起來像一邊歡呼：「哇！真的可以不用丟耶！」一邊又混合著疑惑：「妳不是說減物能讓生活感覺更自由嗎？」丟與不丟變成兩難。

其實，之前搬家的時候，我因為正在斷捨離的興頭上，捨棄了一些現在想起來覺得有些可惜的物品，也因為這樣，在決定丟掉物品之前，我學到「暫停一下」的重要性，每次取捨之際也更注重自己與物品的連結。

如果對於一個物品還有感情，或是還沒辦法決定去留之前，先不要急著丟棄，可以在家裡找一個角落，或是幫自己找一個暫放箱，好好把這些東西收起來，等到有一天覺得自己準備好了，再來判斷這些東西的去留，才能減少後悔的情況發生。

✓ 體會⑤：不要輕易斷捨離友誼

相信在各種社群媒體的助攻下，我們每天多少都會花些時間瀏覽朋友或網紅的生活，明知道社群上展示的生活並非百分百真實，看久了卻還是會不自覺產生比較的心態。這個時候，如果可以減少或遠離這些焦慮因子固然很不錯，但不知道你們有沒有這樣的經驗，有時候自己心情或是狀態不好時，特別容易被激怒，看什麼都不順眼。

有時候可能是朋友的一句話，或是一篇不認同的貼文，越看越覺得心裡不舒服，進而想遠離這些焦慮因子，如果剛好這陣子想做社交斷捨離，可能就會一不小心刪掉那些其實對我們來說很重要的人。

這時候，不妨先放下手機，找些自己喜歡做的事或起身走走，轉換一下注意力，不要讓自己陷在煩躁的情緒中。若是沒辦法不去看，也可以試著先刪掉這些 App，讓自己暫時無法登入，而不是直接刪掉聯絡人。

沉澱一段時間後，如果某些身邊人的貼文，仍然讓自己感受特別不舒服，再來考慮是否需要減少與這些朋友的交往互動。畢竟到一個年紀之後，越難交到知心好友，如果因為自己一時的

煩躁與衝動，日後還要經歷後悔或努力修補關係，反而得不償
失呢！

輕鬆自在
宅家時光

身為在家工作的人很幸運，
因為時間是自己的，自由度十足，
不必為打卡起早趕晚，衝鋒陷陣。
但陷阱隨之而來，
忙起來沒日沒夜，還有做不完的家事追趕。
工作與生活日日不分，界線失守。
正所謂失了界線便失掉分寸，連快樂也丟失。
唯有學會重建生活秩序，拉起忙碌防線，
才能讓宅在家的時光，愜意又舒心。

CHAPTER 2

簡化生活中的固定選擇，
身心更自在

「早餐要吃什麼？三明治還是飯糰？」

「今天出門要穿什麼？昨天穿了白襯衫，今天要不要換個顏色？」

「待會出門要坐捷運還是公車？」

「上班的路上要不要去便利商店拿包裹？還是晚上回家再順便拿？」

每天從睜開眼睛的瞬間，我們便陷入各種選擇，小自出門該穿哪雙鞋、吃什麼東西，或該選哪個包包，要搭什麼交通工具等日常瑣碎小事；大到工作安排、職涯規劃或生涯路線等需要深思熟慮的重大人生選擇。先不說人的一天究竟要做多少選擇，光是走進便利商店買個早餐，架上也放著幾十個選項，豐富多樣的選擇雖讓人心懷感激，不過碰到沒有想法的時候，站在貨架前，我也能猶豫上好一陣子呢！

相信大家都聽過「選擇比努力更重要」，不管同不同意，多數人應該都感受過因為做了不同選擇，帶來全然不同的結果。不是說努力不重要，而是很多時候，當我們花費全部心力，拚了命地向前衝，卻忘了適時跳出來，看看自己當下的每個選擇是否與初衷一致，反而可能一不小心就走叉了方向。

在現代忙碌的生活節奏中，我們經常只留意自己是否足夠努力，

卻忘了回頭看看自己的選擇；在日常生活中，我們還要分出心力，在各種瑣碎的雜事間做選擇，一整天下來精疲力盡，選擇困難症不發作也難！如此勞心勞力，導致我們沒有時間跟心力，好好思考那些真正重要的事——所謂的生涯規劃，或是中長期的職涯目標，大多時候都是因為要寫年終評論，才草草擠出不知所云的「標準答案」。剩下的大部分時間，我們都像站在沒有空隙的人流中，被眼前的事物推著前進。

為了盡量給自己多留點時間思考，在簡單生活練習的過程中，我透過下面幾個方法，簡化生活中那些必須要做的固定選擇，減少因為選擇困難造成的時間浪費，除了讓我在生活中感覺更輕鬆，也更能保留心力，專注在更重要的事物上。

✓ 想做的事分段完成

首要，是幫自己制定有規律的生活例行日程表。每天從一睜開眼，我們就面對各種選項，卻又常常覺得自己別無選擇。以我的例子來說，自從由上班族朝九晚五的工作，轉換成更有彈性的居家辦公行程，雖然少了上下班的通勤時間，在家的時間更多了，不過工作強度不減反增，常常一不小心就在電腦桌前坐了一整天。在沒有幫自己制定例行日程之前，不僅沒有辦法更好地利用閒暇時間，就連維持日常家事都常感吃力。

為了解決這個困境，並縮減做選擇的時間，我把「必須做的家事」與「想完成的事」清楚列出來，再將每項任務切割成不同的時間段，安排插進我的日程表當中。

以想完成的事來說，之前一直希望能重拾瑜伽伸展的練習，卻遲遲沒有動力開始，雖然心裡想著：每個禮拜去上兩小時瑜伽課，卻發現每次要去上課之前，我常因手上仍有未完成的工作，猶豫著該不該去。於是我轉個念頭，不如把兩小時的瑜伽時間平均分攤，變成每天做二十分鐘，安排進日程中，利用每天早晨剛起床那段時間，輕鬆完成目標。

還有，我一直希望自己每個月可以看三到四本書，但是到了週末，常常癱懶在沙發上，思考著該看書還是看個影片放鬆一下，或是出門與朋友聚餐，共享愉快時光。後來，我改成提早十五分鐘準備就寢，每天睡前讀一點，既能安定睡前情緒，同時也養成了閱讀習慣。這樣不僅減少掙扎與選擇的時間，也讓我完成了想做的事，甚至減少了無法達成目標的挫折感，推薦大家都可以嘗試看看。

✓ **選擇週期訂購服務，減少上網採購時間**

再來是訂購週期商品，尤其是居家定期要補貨的消耗品。

自從發現週期訂購這個服務之後，可真是幫了我一個大忙。不管是一個人住或與家人同住，所有人的家中都會有各種需要補貨的物品，身為商品採購的我，職業病常在這時候發作，先看看有沒有好的價格，繼而又忍不住想逛逛有沒有新的品牌，或在哪裡購買有免運服務，還是應該花點時間去實體店逛一下？這些問題在要補貨的同時，都會在腦中自動播放一遍，雖然最後常選擇同樣的商品與品牌，但這種恍如鬼打牆的過程，通常耗費我不少時間。

有陣子因為生活比較緊湊，一不小心忘了提前購買貓砂，就想乾脆一次買足一個月的分量。自己一個人出門採買，實在搬不動十幾二十公斤的貓砂，想了想，我決定上網買，瀏覽網頁的時候，發現了週期訂購服務，掐指一算，正好跟家中兩貓的使用頻率對得上，便決定嘗試看看。雖然只是減少一個購買貓砂的日常行程，但對我來說，不僅少掉一個代辦事項，也省掉上網比價的時間，如此也能減少自己在瀏覽網頁時，不小心又被其他商品吸引，意外多買了不需要的商品回家。對於有選擇障礙的人，真是個省心的好方法。

✓ 不購買非真心喜歡的物品

再來是對於不真心喜歡的東西，不再因打折而糾結，這個做法

聽來容易，執行起來卻需要轉念的練習。

不知道大家有沒有以下這種經驗：想要買個家電或家具，看到一個划算的折扣，但是自己喜歡的顏色卻賣完了，雖然不是真心想要的顏色，卻還是會忍不住思考跟猶豫，到底要不要因為折扣購買同樣功能，卻不是真心喜歡的東西？以前的我可能會花上幾天思考，最後還是因為不是真心喜歡而放棄。練習簡單生活後，想要簡化這個做抉擇的流程，我下定決心，只要遇到不是自己百分百喜歡的物品，不管價格再划算，都直接放棄。

看到這裡也許你會想，那不是跟之前的決定一樣嗎？都是沒有購買不那麼喜歡的物品。

從結果來看的確如此，但是決策時間與流程卻截然不同。在尚未堅持不買非真心喜歡的物品時，我可能需要花上一段時間猶豫，並想辦法說服自己，包括上網查詢另一個顏色的居家搭配，或是搜尋其他平台是不是還有更多顏色選擇，有沒有可能用同樣價格，買到自己原本喜歡的那個樣式。雖然最後可能都做了「放棄購買」這個決定，但光是選擇與猶豫這個過程，不知不覺已耗去許多時間和精力。

同樣的例子也常發生在差半號的鞋子，或比平常穿大一號的衣

服上，只要確定了自己不將就的購物原則，也就不需要花時間糾結「該買」還是「不該買」了。

✓ 別養成沒事就打開電視的習慣

最後一個，是不做沒有必要的選擇。這個描述聽來有點抽象，但我想大家或多或少都有這種經驗：打開電視，想著最近不知道有什麼好看的新片，於是開始漫無目標的瀏覽影片，或是查看排行榜，不知不覺過了半小時，仍然不知道今天要看什麼，因為選不出影片產生的煩躁感，抵消了原本想看電視休息一下的目的。

我家現在沒有電視，改用相對比較麻煩的投影機。要用時需要把機器拿出來再等待熱機開機，多了這些步驟，體驗到的好處是，多了坐在餐桌前吃飯的時間，沒有特別想看的節目，通常不會打開投影機。同時發現雖然看電視的時間減少，自己卻沒有漏掉任何想看的影集或電影。之前習慣下班後看著電視配晚餐，並且常常無意識地一直看下去，導致大部分休息時間，不是花在查找想看的節目，就是看著不一定這麼愛看的影片。

現在我還是喜歡在家看電影或影集，下班時間也會觀看各種影片放鬆心情，但如果把看影片變成一個習慣，明明沒有想看的

片子，單純想消磨時間，不僅身心沒有休息到，還造成每天時間不夠用的錯覺。

所以沒有看劇心情時，與其花時間選擇要看什麼節目，不如把時間拿來好好放空，或練習獨處，做一些真正想做的事，減少因為習慣造成的不必要選擇，也幫我們找回生活中該有的空白時光。

打造小小舒適圈，
那是我的避風港

前一陣子去上金繼手作課程，好久沒有認識新朋友，心裡難免覺得興奮。上課的樂趣在於一邊埋首做著勞作，一邊跟不熟識的同學聊聊生活瑣事。

聊天過程中，其中一位同學說到：「妳的生活聽起好愜意啊！」

當下我沒有想太多，微笑著說：「可能是我比較閒吧！」便繼續做著手上的勞作。

回家的路上，越想越覺得有趣，目前的生活行程中，除了兩個固定遠距上班，再加上經營自媒體與寫書的行程，說實話工作時數比起坐辦公桌時期多出不少。就連想參加課程，都猶豫了快一年，才終於排出兩週一次的檔期，奢侈地使用這三小時的下午時光。

要是在從前，個性好強的我肯定會想：拜託，我每天行程滿檔，三四個工作一起做，常常一坐就是一天，就連惱人的日常家事，都被我認定為上班中間的休息行程，這些看起來外加的生活情趣，不過是我更努力生活的證明！

究竟是什麼原因，讓自己有了這麼大的變化？

說來有趣，開始練習簡單生活後，我對於自己的心境產生更多好奇心，比起從前不想太多，衝了再說的行事風格，定期檢視自己的身心靈，成為生活中的新課題。也因此發現，本來僅是為了改善長期被自己忽略的焦慮情緒，開始有意識地為自己在生活中，創造一個又一個的舒適圈，就像固定找人按摩一樣，透過定期放鬆筋骨，達到釋放壓力的效果。

這麼做產生一個意外收穫，除了平常能有效覺察和紓解生活中的壓力外，也讓我在心情更平和的狀態下，降低了想要極力證明自己的衝動，進而更能平和地看待身邊的人事物。

現代人的生活，常在不知不覺中被各種資訊追趕，從上班的多工模式，到生活中各種角色的切換，加上片刻不離身的電腦、手機等科技產品，都在拚命餵養各種碎片資訊，以及層出不窮的欲望和需求，慢下來做自己，有時反而成為一件既陌生又奢侈的事。我的個性又是那種對於工作或任何可以達成的目標，都想嘗試看看的人，因此與其考慮要不要跳脫工作的舒適圈，不如在生活中為自己創造固定的舒適圈，如此有了定期喘息的空間，在面對新的挑戰時，便擁有了令人安心的餘裕。

✓ 創造避風港角落

我為自己準備的第一個舒適圈,是一個屬於自己的角落。雖然在家工作,擁有工作區是理所當然的事,不過,一開始遠距辦公時,我是在餐桌上進行工作,一方面當時還沒有購入書桌,另一方面在家使用筆電工作,用完收起來很方便。不過,後來漸漸發現,在餐桌工作比較容易分心,也常有心浮氣躁的感覺。

自從決定添購書桌後,我的工作間兼穿衣室,便成為我專屬的小天地。除了工作,休息時我也習慣在裡面做簡單的運動,有時候提早完成預定工作,或不想出門的週末,我會放點音樂,拿出筆記本隨意寫寫,或乾脆關上門,點上喜歡的精油蠟燭,沉浸在自己的小世界裡。

其實,這個空間不一定要是個完整的房間,不管是一張自己喜歡的椅子,或可以隨意而坐的角落都好,只要在生活中有個感到舒適的地方,能讓自己安靜下來,好好與內心相處,那麼,這個空間就是我們的避風港——在感到焦慮或煩躁時,能安心地知道,有個可以暫時逃離現實的舒適角落。

✓ 找到社交圈外的朋友

另一個舒適圈，是創造社交圈外的互動機會。

也許因為工作型態的關係，雖然常常需要遠距開會，或利用 email 與人互動，不過，不同於過往在辦公室上班，每天都跟同事在同一個空間相處。獨立在家工作後，可以自由安排上班時間，少了同事每天的噓寒問暖，以及參與團購或點下午茶等有趣活動。雖然從掌握進度與時間安排上，我很滿意這樣獨立作業的方式，但大約在獨立工作兩年後，也開始發現，除了每天生活中固定會見到的人，有時候也想認識新朋友，聊些不重要的瑣事，藉此脫離一下重複的生活模式。

為此，我開始嘗試去上不同課程，或是參加新的團體與聚會，在過程中除了認識不同的人，以及學習沒有嘗試過的事物，也意外發現一些好處。可能因為課程中的互動，大都屬於萍水相逢，既沒有利害關係，也沒有包袱，大家在課堂上聊著聊著，心情常常也因此舒緩起來。

✓ 十五分鐘放空一下

再來是記得在每天的行事曆上，為自己空出十五分鐘，什麼都不做！創造放空時間。

不知道為什麼，十五分鐘對我來說是個魔力數字，如果是件麻煩事，就算不想做，十五分鐘還在可以接受的範圍內；要是想偷懶，躺在床上跟貓咪們玩耍，十五分鐘正好滿足了想休息打混的念頭。所以，當我為自己在每天忙碌的生活中制定放空時間時，毫不猶豫選了十五分鐘這個區段。

至於這段空白時間要拿來做什麼好呢？有時我會為自己做杯想喝的飲料，有時翻看喜歡的小說，或是，我會播放喜歡的音樂清單，悠閒地邊聽邊唱邊發呆。留給自己的空白時間，重點不在於做了什麼，而是堅持這個行程，聽起來不困難很簡單，但練習不分心，尤其對於行程滿檔的現代人來說，也需要一段習慣的過程。不論有多少還沒做完的工作，或是看到桌上未收的杯盤狼藉，在這十五分鐘內，我都會跟自己說：晚點再說吧，現在有個重要的放空行程呢！

這個生活裡的空白逗點，除了適時提醒自己在忙碌的日程中喘口氣，也是精神上很好的舒適圈，暫時切斷導致壓力來源的所有情緒，除了紓壓，有時候，還會因此迸出好點子呢！

✓ 一本抒發心情的秘密筆記本

最後一個，是擁有一本秘密筆記本。

目前我有定期進行諮商的習慣，一開始是為了釐清自己心中一些糾結的情緒，與生活中遇到的難題。在諮商過程中，也發現很多自己過去的急躁與不安，需要花上一些時間慢慢鬆動，進而解開那些煩惱的根本源頭。

在傾訴的過程中，我發現「定期倒垃圾」這個行為，對我來說很有幫助，於是，決定為自己準備一本秘密筆記本，碰到不開心的事就在裡面寫上幾句，寫著寫著，當下覺得再氣不過的事，好像也不那麼重要了。

不同於「日記本」有每日記錄的限制，秘密筆記本更像是抒發情緒的夥伴，只在需要的時候使用，沒有任何時間、地點、長短的拘束，感覺更隨心所欲。現在，不管是工作或生活中的煩心事，還是令我開心的小事情，我都會在筆記本上記上一筆，而這個習慣，也成了生活中的寄託。筆記本就像是懂得傾聽的老朋友，總是默默地耐心陪伴我，度過生活中的點點滴滴。

有時覺得，人真是奇怪的生物啊！我們在人生的每個階段，總

希望自己過得順心舒適，但在追求理想生活的過程中，卻又總是給自己添上不少新煩惱，更可能的是，不小心繞了些彎路，走著走著，便被生活的任務及瑣碎追趕，早忘了前進的初心與目的。在這些時候，生活周遭如果能有這些小小的舒適圈，適時把自己拉回專屬角落。那麼，生活再逼人，日子再侷促，也能稍微停下腳步，看看路上風景，休息後，重新找到再上路的力量。

打掃真麻煩，
一分鐘原則搞定

開始執行一分鐘原則，是因為讀了葛瑞琴‧魯賓的書《這樣開始也不錯，擺脫束縛的一年》。在培養有益的習慣這個章節，第一篇她便提到遵守「一分鐘原則」這個方法。

這個原則的重點在於，任何在一分鐘內能完成的事，立刻去做，不要拖延。像是回家立刻掛好外套，把用過的水杯拿到廚房的洗碗槽放好，上完廁所後，順手把用光的衛生紙補上，發現一隻筆壞了，馬上拿去垃圾桶丟棄。

當我仔細觀察生活中這些微小事件時也發現，原來在我們的生活裡，有這麼多不到一分鐘便能完成的小事，卻因為一時不察而無意識的拖延，累積成為雜亂的根源。

組成一天二十四小時的眾多一分鐘，究竟在我們的生活中扮演著什麼樣的角色呢？

舉個常見的例子：站在不熟悉的紅綠燈前，等著過馬路的時候，如果看到六十秒的倒數數字亮起，總想著：這紅燈還真長，竟然要等一分鐘。如果剛好有緊急的事，或是上班快遲到了，便會覺得這六十秒的時間特別漫長，邊等邊看著秒數倒數，焦慮的過完這六十秒。但如果是正在做喜歡的事，像是專心跟貓咪玩耍，或是整理喜歡的花材時，別說是一分鐘了，就算花上半

小時，常常不知不覺也就過去了。

「一分鐘原則」最吸引我的原因有以下幾點：
首先，它極度適合懶人及初學者。通常，一分鐘能完成的事，基本上都不會太難，而一分鐘的時間，感覺執行起來輕鬆又容易，就算懶人應該也不會產生太大抗拒。

其次，是它有明確的規範，因為有了六十秒這個準則，可以在考慮做與不做時輕鬆決定，不需要為了該不該做而掙扎。

最後，是它讓我更有意識地觀察自己的行為，也許由於生活習慣比較隨性，開始練習時，我發現透過一分鐘原則思考，可以幫助我更了解自己的行為模式，最後恍然大悟：原來就是這些瑣碎的小事，堆積成為生活中的煩躁感來源啊！

實行一分鐘原則兩年後，越來越能靈活運用在生活中，從一開始需要提醒自己，到後來變成一種自動自發的行為，經常在做一件事時，腦海中自動浮出「接下來有一分鐘內可以完成的事嗎？」然後再去尋找可以新增的小事。過程中我發現，在生活中貫徹「一分鐘原則」，對我來說幫助最大的有三個類別的事物，如果可以從這三類雜事中著手，循序漸進地練習並執行，就能有效感受到許多累積的壓力減少了。

超有感！
一分鐘家事簡化法

1. 順手歸位，減少視覺雜訊

第一類最常見的是未歸位的雜物，也是我一開始最先嘗試的範疇。

說實話，最初練習時花了一段時間才養成習慣，例如在起身時順便收水杯，在還沒成為習慣前，我常常忘記，需要不斷提醒自己；或是已經起身了，還要折返回去拿，不過大約過一兩個月後，便習慣成自然，幾乎每次要移動做另一件事前，都會先環顧四周，看看有什麼能在一分鐘內歸位的東西，順手把事情做完。

除了隨手收水杯，還有把剪刀放回它的專屬位置；回家後將脫掉的外套掛好，或是睡覺前把客廳使用的遙控器收好等。這類事務做起來不用一分鐘，甚至可能不到三十秒，但如果不立刻做，居家環境便很容易出現各種視覺雜訊。

回想之前經常出現在我家的場景：客廳茶几上總是放了兩三個水杯，沙發坐墊的角落塞著還沒收的遙控器，門邊散落著客人來時穿的拖鞋⋯⋯這

些零碎的物品隨意散置各處，雖然一次收拾起來時間不長，但若沒有立即處理，當聚會結束一陣子後，再次走進空間時，很容易讓人產生煩躁感，忍不住皺起眉頭想著：客廳好亂，待會要來收拾乾淨！

一旦內心有了這樣的想法，不知不覺就在代辦事項的清單上添上一筆壓力。

2. 家事切割，一天做一點才不煩躁

第二類是切割繁雜的家事。

透過隨手歸位這個行動，我感受到減少居家視覺雜物的好處，也進一步想應用在其他範圍。我不算是特別擅長清潔打掃的人，尤其遇到時間越長、野心越大的整理行程，常讓我提不起勁。所以這類一分鐘行動，更像一種儲蓄的概念，每次執行一分鐘，不至於產生煩躁，只要能養成習慣，利用每天各種零碎的一分鐘，就像一次往撲滿存進一塊錢般無痛無感，卻能因為這些儲蓄起來的時間和動作，幫自己減少「阿雜」心情。

在打掃清潔方面，我最先做的是整理洗手台，因為特別喜歡打開窗戶的透氣感，加上家裡養貓，每週一次的廁所清潔工作，總是趕不上貓毛與落塵的堆積，還有每天刷牙洗臉產生的水漬，累積一段時間後，不僅不美觀，後續的清潔也比較費力。

所以現在梳洗時，我會一邊刷牙一邊清理檯面，

並在使用完後，就把玻璃上的水漬清理乾淨。或是在洗完澡後，順手把隔間玻璃以水沖過，再花一分鐘用刮刀刮去水痕，撿起卡在排水孔上的頭髮。因為這些每日累積的動作，讓我在每週打掃廁所時，更輕鬆快速的整理完整個空間，享受每日儲蓄累積的勞動成果。

3. 想要才會成真，六十秒就能養成好習慣

最後一類是養成想要的習慣。看到這裡也許你會想，一分鐘能養成什麼習慣呢？不瞞你說，一開始我也這樣認為。不過當我開始在生活中認真尋找，才發現就算短短六十秒，日積月累也能養成讓生活更舒適的好習慣，或是完成那些自己本來做不到的事。

以整理床鋪為例，以前一直不明白每天整理床鋪的好處在哪裡，甚至認為有點多此一舉，明明再過幾個小時，又要回到同一張床上，再把這些整理好的被子弄亂，不如讓它們維持原狀不就好了？

但自從把家中的床組換成像飯店一樣的全白款式，我開始想著，如果把白色的床單整齊鋪好，是不是會更有渡假的氛圍呢？可能因為這樣的想法，讓我開始利用起床後的一分鐘時間，簡單把被子鋪平，並且確實地拍鬆枕頭，養成習慣之後，這個動作就像早晨的喚醒儀式，也換來晚上睡覺時，走進房間的舒適感。對我來說這是一舉兩得超神奇的一分鐘行動呢！

常聽人說，世界上唯一公平的是時間，不管出身、能力、背景或個性，我們每個人在一天中，都同樣享受著二十四小時。在腳步快速的現代社會，時間不夠是每個現代人或多或少都會遇到的感覺，而在這一天一千四百四十分鐘裡，如果能有意識地抽出幾個一分鐘，為自己有效率地打理生活雜事，也許能因此換得更多忙裡偷閒的舒心時刻喔！

每天十五分鐘，
解決惱人家事

「打掃真的很麻煩啊！」

說實話我就是這樣想的人，經過長期的調整與努力，雖然現在居住的家稱不上閃閃發亮，但也還算簡單整齊。回想小時候，就算是身在極度包容的家庭環境中，媽媽也不時會在我打扮得漂漂亮亮，腳正要跨出門的那一瞬間，淡淡說出：「從這麼亂的房間中打扮得人模人樣出門，妳還真的是出淤泥而不染啊！」

對當時的我來說，這個說法不僅不算是一種責備，反而更像一種無奈的稱讚，出門的路上也許還一邊想著：對啊，我今天真的打扮得很漂亮，就算房間亂了點又怎樣？

這樣逍遙自在的日子過了二十幾年，從不認為打掃是件難事，頂多就是做起來麻煩點。自從搬出家門，在倫敦開始跟室友共同生活，才認真思考，到底什麼是適合我的打掃方式呢？

從國外讀書時期一直到成為朝九晚五的上班族，我將大部分的清潔工作排在週末，像是生活的例行工作班表，卻一直沒發現這個方式其實不太適合我。除了一次要做長時間的掃除工作，還沒開始就已經倍感壓力，例行清潔工作減少了我的週末休息時間，也讓我對於打掃這件事，總是抱持著不甘願的心態，常越做越覺得煩躁，總想草草了事。

自從開始遠距工作後，我展開了前所未有的長時間宅家生活行程。在家工作的好處是，沒有太多與同事當面聊天的社交行為，可以更專心地做完一件事，對於我的效率來說可說是一大助力。不過，也因此常常一坐下，沒注意就是一整個下午或一整天。加上減少了上下班通勤時間，工作時間不減反增，肩頸也越來越緊繃。於是，我開始尋找在家工作中，那些讓我「不得不」遠離電腦的機會。

有天，在寫提案時感到焦頭爛額，極度想拖延的我突然萌生一個想法：比起寫提案，我寧願去打掃呢！這個想法給了我電光火石的靈感：如果是這樣，何不把打掃與整理切割成一個又一個「十五分鐘行程」，並安排它們卡進我的工作日程中，既然是必須要做的事，不如賦予它們一些額外功能吧！

實行一陣子後，我發現這樣做除了不容易堆積家事，也不會因為一次整理太多東西而感到煩躁，最重要的，定時起身清潔打掃，幫助我在繁忙工作之餘，有個讓腦子放空與轉移注意力的空檔，堪稱是居家辦公的完美夥伴呢！

超有效率！化整爲零的清潔管理行程

身為一個家事拖延患者，本篇的重點不是如何打掃，而是如何在有限時間內，利用最輕鬆的方式，來維持居家的舒適度。要注意的是，每個家庭的人員組成與需求都不同，所以這些日常工作需要考量到使用習慣，還有家庭成員所需要的環境，一開始的確要花點時間思考，不過一旦找到了適合的方法，就算曾經是「出淤泥而不染」的我，也能在打掃工作中找到樂趣，並以輕鬆的方式完成。

我的十五分鐘週間清潔行程如下：週一跟週四是我的吸塵日，週二打掃廚房，週三則是清潔廁所，週五的話會盤點櫥櫃。這些切成片段的十五分鐘打掃行程，不但能在我埋首工作時，提醒自己該起身走走，也能舒緩長時間盯著螢幕造成的眼睛疲勞，暫時切斷外界資訊帶來的壓力。這裡要聲明，並不是說這樣的安排就是最好的方式，建議大家不管在制定任何生活習慣時，都要為自己量身打造適合的方法，因為這才是能堅持做下去的秘訣。

首先，考慮到我的居住狀況，只要利用前篇說過的一分鐘原則，東西隨手收一收，保持桌面和檯面整潔其實不難，因此維持外觀整齊的工作，就交給「一分鐘原則」積沙成塔。身為養貓人

家，家裡各處難免會有散落的貓砂，還有換毛季節大量的毛屑，加上我平常喜歡開窗通風，所以容易有落塵，對我家來說，定期的地板清潔非常重要。

再來是需要重度清潔的廚房跟廁所，這兩處比較容易藏汙納垢，除了日常使用完順手清潔，每週還會重點清潔一次，除了空間看起來比較舒適外，也比較不容易有異味。週間的最後一天，通常我會輪流整理各處的櫃子，幫助我掌握家裡日常用品的庫存，不會忘記哪些東西買了還沒使用，或是遇到臨時要用，卻發現用完了的窘境。

✓ **每週兩次十五分鐘吸塵，打造整潔的居家環境**

關於家中各處的地板清潔工作，完全只仰賴一把吸塵器，還有一個平板拖把。考量到快速與方便性，目前我使用的是充電式吸塵器。這類吸塵器使用方便，不需要插電的設計可以隨拿隨用，清理全家也不需要到處拔換插頭。我家目前使用的機種開到強力模式，電池的續航力差不多是二十分鐘，也許對於使用空間面積更大，或注重清潔的人來說稍嫌不夠，卻很適合我的快速週間打掃行程。

通常，把家裡的地面全部吸一次，需要十分鐘左右，剩下的五

分鐘，我會輪流替換特殊吸頭，例如週一的時候，會換上細的
縫隙吸頭，把各處的縫隙與死角，像是放貓砂盆的角落，或櫥
櫃下方的空間，還有各個櫃體的表面，如客廳的書櫃或進門的
置物櫃，以及貓抓板表面的灰塵，利用吸力更強的縫隙吸頭，
都可以輕鬆的打掃乾淨。

週四的時候，就會改用織品專用的除塵蟎吸頭，把家裡的織品都吸過一次，像客廳的沙發跟抱枕，還有房間的床墊以及枕頭都不放過，清理完之後不管是睡覺，或是坐在沙發上看電視，都會覺得舒適很多。光是每週兩次的十五分鐘吸塵，對於提升各處的整潔有相當大的幫助。

✓ 化整為零常常清，廚房衛浴無死角

再來是廚房的清潔。我通常一週會開伙四到五天，加上白天準備簡單的早午餐，廚房的使用率相當高，難免會累積各種油垢。雖然煮完菜都會簡單擦拭一遍，但那些卡在縫隙的油垢，一週清潔一次比較不容易堆積。

每週二我會進行一次檯面大整理，包括清潔瓦斯爐面板、刷洗瓦斯爐架，還有壁面的擦拭等，我並未使用專業的去垢清潔劑，因為只要固定每週清理一次，油垢通常都不會太難清理，一般的桌面清潔劑或家事皂，都可以輕鬆去垢，如此不但省下購買強效化學清潔劑的費用，也少了瓶瓶罐罐，收納上更為輕鬆。

還有一天是廁所清潔。廁所容易產生水漬，所以會用到刮刀跟刷洗工具。平日我們洗完澡，雖然會大致清洗一下，但不會用到清潔劑。而一週一次的清潔工作，便會使用全家通用的黑皂

噴劑，打掃工具則是無印良品的刮刀跟浴室刷頭，玻璃刮刀主要用在洗手台的大鏡面，淋浴間則用刷頭刷洗。

家中採用的是乾濕分離的淋浴間，整體來說清潔工作並不麻煩。唯一要注意的是，拉門下方的溝槽，我會使用蓮蓬頭的強力水注，搭配淘汰的牙刷，先將汙垢刷起，再用強水柱一沖，便能輕鬆沖洗得乾乾淨淨。

✓ 居家「倉儲管理」

最後，多出來的一天，我會輪流巡視家裡的抽屜或櫥櫃，包括廚房及衛廁的儲物空間，還有客廳的置物櫃。為了迎接即將到來的週末，週五我給自己安排的工作相對輕鬆，只要簡單清點一下各類物品的庫存，看看哪些東西很久沒用，是否需要斷捨離；或是哪些食物的保存期限快到了，要盡快吃掉；還有哪些東西即將用罄，需要趕快補貨。

我家的儲物空間不多，這些裝著儲備物資的抽屜及櫥櫃，大概一個月會輪到一個地方，有了這樣邏輯性的「倉儲管理」，家裡的日用品採購，每次只要買足一個月的分量就夠了，不會佔掉太多儲存空間，也減少要用時沒有的匱乏感。

在換季的時候
成就家的模樣

每到換季，要處理各種居家雜物，是主婦們最忙碌的時刻。一家大小的衣服、棉被、家居用品，還有季節家電要整理收納，但也是這些瑣碎的居家雜事，帶著我們體會季節的更迭。

還住在老家時，身為女兒的我，不自覺享受著媽媽勞動的成果。天氣變熱前，房間角落會備好電風扇，冰箱中出現了夏日限定的冰麥茶，冷氣濾網也早早就洗好換上。天氣要轉涼了，床上會出現厚重的冬被，早餐的牛奶換成好入口的溫度，沙發也鋪上溫暖的毯子。好像生活本該這樣，在需要的時候，這些物品便會適時出現。

這些習以為常的小事，像空氣般存在，出現得太溫柔、太合理，所以當我有了自己的家，開始想要跟著做時，反而不知從何下手。生活換季這類小事，隨著時間推移，竟漸漸變成生活中的大事。

開始練習簡單生活後，我的衣櫃保持四季如一狀態，無形中減少了換季的麻煩。剩下的工作，主要是家電收納、整理更換日常使用的餐具，以及細部的清潔打掃。除了這些例行作業，每年到了換季時刻，隨著季節更換生活樣貌，考究那些我在意的小小細節，讓整個房子換上嶄新面貌，迎接下一季的來臨，成為季節轉換之際，最令人期待的改變。

✓ 舊 T 恤變身拋棄式抹布

目前家中的換季工作，唯一與衣櫃相關的，就是整理淘汰的舊 T 恤與貼身內著。這些每天都會穿到的內衣，每半年總會淘汰兩三件，衣物可能沾染了汗漬或是穿舊了起毛球，甚至破洞，拿去捐贈不太合適，直接丟掉又有些可惜。從前勤勞的媽媽會算好尺寸，將這些舊衣精細裁剪後，再車縫拿來當作常態使用的抹布。

我的做法比較簡單，直接把它們隨意裁成大約十五至二十公分左右的正方形，然後一併疊起來儲存。每當碰到特別油膩、難清洗或易染色的髒汙，像是清理廚房的抽油煙機、處理容易染色的火龍果時，我就會用到這些方形棉布，把它們當成拋棄式抹布使用。不僅吸水力好，使用上也很方便，是我日常家務的好幫手。

✓ 用織品為居家換季

說到營造居家氛圍，每到換季時節，織品是最好的幫手。以居家軟裝的角度來說，織品的顏色與材質，都能很好的改變居家氣氛，夏天使用清爽的淺色系抱枕，搭配清涼透氣的棉麻材質，透過視覺與觸覺營造出涼爽的居家環境。冬天則選用暖色系床

組，搭配磨毛或針織材質，讓睡眠環境更為溫暖。因為不想增加太多居家物品，我們家的換季織品，不以外觀及顏色為主要考量，而是在同樣的視覺中，增添或更換不同的材質。

首先，是每天都會穿到的室內拖鞋。因為在家工作的關係，我在家的時間比一般人長上許多，居家拖鞋的材質攸關著雙腳的舒適度，因此我會按季節更換拖鞋，一雙是適合秋冬的絨毛材質，一雙是透氣的麻質拖鞋，在春夏季穿著，另外多出來的兩雙，則是客人到訪時的室內拖。

床品部分，我最喜歡的是無漂染的純棉床單，四季基本上都用這一套，而在冬天的時候，會加上同一色系的毛毯來增加暖度，讓睡眠品質更好。除了床品外，秋冬也會在沙發上準備一張大大的毯子，讓客廳的感覺更溫暖，不管是晚上休閒時間或下午看書時候，都可以拿來使用。

✓ 換上冬季限定的香味與飲品

再來是香氣。雖然身為貓咪家庭，大部分時間，我盡量避免使用過多的香味與精油產品，但當我關上房門，躲在自己的工作室時，還是偶爾會用香味來療癒自己。而在居家的公共區域，

我喜歡以每天都會用到的洗手乳和沐浴產品，來區隔季節感。

沉穩的木質香調，或是帶有辛香料氣息的檀香與肉桂，是冬季的限定氣味；而清新的草本味，或是令人感到愉悅的柑橘調氣味，很適合夏天想出遊的心情。這些隱藏的香氣，不會在每天使用時都產生驚人的感受，卻會在不知不覺中成就家的記憶。

最後是我自己很喜歡的部分，便是按照季節準備日常養生飲品。天氣熱的時候，我會準備清熱的薄荷甘草或菊花枸杞茶、小黃瓜氣泡水等，都能很好的緩解炎熱帶來的不適感；連綿下著雨的梅雨季節，或感覺身體特別沉重的時候，早餐後來杯紅豆薏仁水與黑豆水，是日常幫助排濕的好幫手。

在冷冬時節，提氣的人參搭配桂圓或紅棗，都能有效提振精神。在這個時節，我也特別喜歡食用各種辛香料，加入肉桂、丁香的鍋煮茶，或是來杯暖暖的陳皮薑茶，成為冬季的療癒飲品。不但對於身體有助益，這些自帶香氣的茶飲，也提醒著我們，一年又到了這個時節，去年我也喝著同款的茶飲呢！

這些生活中的細節，看起來微小又理所當然，不過就是熱了，想辦法變得涼爽些；冷了，就試著溫暖自己。但是當我實際執行，在繁瑣的居家換季作業中，加入自己的想法，打造家的風格與

樣貌，才慢慢地了解當年媽媽的用心，以及她想傳遞的家的溫度。

如果能有意識地去思考跟感受，透過這些動作來讓家人生活得更舒適，換季時節雖然多出不少雜事，但同時也增添了許多趣味，更因此而成就了家的模樣。

怕麻煩原來是個好習慣

曾經，我是個不擅長也不喜歡打掃的人，對於良好習慣的養成，更是常常提不起勁來。原因很簡單，打掃對我來說是件不折不扣的麻煩事，舉凡收納歸位、隨時保持整潔，還有重新建立一個好習慣，或是戒掉不好的習慣，都不是讓人馬上感到輕鬆愉快的事。因此，我把自己不熱衷於建立好習慣，還有改掉壞習慣的毛病，完全都歸咎於「怕麻煩」的心態。

然而，我們的生活幾乎由各種習慣主宰。目前居家工作的型態，每天一睜開眼幾乎不經大腦思考，像開啟自動導航模式一樣，就會走進廁所梳洗，接著去廚房倒杯溫開水，緩慢喝下肚，接著走回房間鋪好床鋪，與還在床上賴床的貓咪打聲招呼，換上適合做瑜伽的輕便服飾，走到客廳，鋪好瑜伽墊，開始自己喜歡的拉伸運動。藉由這些如同例行公事的晨間習慣，安心平穩地拉開一整天的生活序幕。

從不願意改變，到喜歡建立新習慣，我經過一段摸索與嘗試期。一開始，是從練習一分鐘原則體認到，只要找到適合自己的方法，這些曾經認為自己做不到的改變，原來可以在不費吹灰之力的情況下，讓生活過得更舒適。而在其中，唯一不變的是「怕麻煩」的個性，也因此發現只要運用得宜，「怕麻煩」這種個性特質，對於習慣養成其實有著極大助益。

至於我有多怕麻煩呢？這裡舉個我曾經想養成的居家運動做例子。

✓ 一再失敗的運動計畫

不知道你們有沒有以下這種經驗？報名參加運動課程，或興致勃勃買了健身器材回家，卻沒有辦法堅持下去，上面這兩種情況都曾經發生在我的生活中。還是朝九晚五的上班族時期，因為同事邀約，我為自己報名參加了運動課程，不過持續一陣子之後，越來越懶得去，當時我報名的是較有彈性的單次預約團課，每次去上課都要提前預約，有時候不一定約得到自己想上的課，久而久之，便覺得上課有些麻煩。

於是，有天我想著：「不如買台腳踏車放在家中，那麼，隨時想運動的話就去踩腳踏車，豈不是方便又省時？」

對於購物有極大熱情的我，立刻上網研究，仔細參考比對各種選項與評論，兩天內就訂好腳踏車，得意地在家等待運動新夥伴的到來。沒想到，這個計畫實施不到兩個月便宣告失敗。為什麼看起來「不麻煩」的運動計畫，依然沒有幫我養成定時運動的好習慣呢？

做了反省之後，我發現有以下幾項因素。首先，「在家踩腳踏車」這個目標，沒有固定行程，完全按照每天的心情決定，有時候光要下定決心，就很不輕鬆。再來則是，準備動作過於複雜。雖然腳踏車就放在家中的客廳內，每次卻要特地換上運動鞋，如果是晚餐後的休閒時間，大多時候我還穿著出門上班的衣服，換上好活動的運動褲是必要的。

最後，我精心選擇的這台腳踏車，除了車體本身，還搭贈了配套的運動課程，要使用健身車附贈的網路課程，需要連線上對應的 App，選擇想要上的課程，雖然這些動作都花不了太多時間，比起起身換衣服、預約，並出門上課方便許多，卻還是阻礙了持續運動的熱情。

有了之前幾次失敗經驗，清楚認知自己「怕麻煩」的程度後，我決定找個最簡單的方式再次實驗看看。首先，我幫自己訂下輕鬆的目標，每天只做十五分鐘，從最輕鬆的伸展運動開始，不需要換裝或換鞋，只要穿著一般家居服便可以輕鬆執行；再來是幫瑜伽墊在客廳找個位置，這樣每天要鋪開跟收起來都很方便。

最後是固定每日的行程，我的目標是起床梳洗完便固定做運動，不需要思考時間的安排。因為打造了沒有壓力的方便環境，加

上體會到早晨伸展運動帶來的好處，執行至今差不多兩年時間，我已經建立起這個不經思索就執行的運動習慣了。

✓ 為習慣創造不同迴路

所以，不管想要新增哪一個好習慣，或是戒掉某個壞習慣，只要透過觀察自己的喜好與個性，經由改變周遭環境，創造出完全不同的反射反應，時間久了就可以自然達標。以我自己為例，在新增好習慣部分，對我來說最重要的是創造「輕鬆達成」的環境，除了上述例子，也可以從目前執行有成的幾個好習慣看出端倪。

以回家立刻清空包包這個習慣為例，之前一直憧憬在家裡的玄關處放個漂亮托盤，以便在回家時順手擺放鑰匙、錢包等小物，不過當時自己帶出門的東西多，玄關放的卻是個漂亮的小托盤，所以就算把鑰匙跟皮夾拿出來，回房間後還是要再次分類包包中的其他物品，其實並不方便。自從在玄關換上可容納所有出門必備物品的大碗，回家後，我可以一邊換穿拖鞋，一邊清空包包裡的東西，這個方便的動線設計，讓我很快就無痛養成回家清空包包的好習慣。

相反的，如果是想要改掉一些不好的習慣，與其限制自己不能

做這些事，或訂下循序漸進的戒除計畫，對我來說，還不如刻意幫這些習慣創造「不方便」來得更有幫助。

舉例來說，我愛看電視，就算是現在，也喜歡在休閒時間看各種電影跟影集。不過，在追完自己想看的劇與找到下一個目標之間，很容易有劇荒，尤其有了串流平台之後，看劇速度可以隨心所欲調整，一不小心便超前完成進度。以前的我在這段空窗期，依然會打開電視漫無目的瀏覽，看看能不能找到想看的節目，經常一晃眼，半小時過去卻依然一無所獲。

自從三年前購入投影機取代電視，看影片的行程就不像之前那樣便利。首先，家中的投影機沒有獨立的立架，要用的時候，需要另外從收納箱中拿出來放在桌上。如果是白天，為了獲得更好的收視效果，還要把客廳的窗簾全都拉上，接著開機、等候連線與對焦，雖然步驟並不複雜，大約兩分鐘內可以解決，但比起之前拿起遙控器就可以打開電視，投影機相對麻煩的開機動作，大大降低了我沒事就看電視的習慣。有時候，自己也訝異僅僅這麼一點小小的不便，就可以改掉我長久的壞習慣。

因此，在這裡呼籲所有像我一樣「怕麻煩」的懶人，不要再自責了。也許，在習慣養成的路上，怕麻煩正是不可多得的「好習慣」呢！

讓自己活得像隻貓

你是貓派還是狗派？

常常在認識新朋友時，一群人因為不熟悉彼此個性，總是會從星座、血型、工作類型，或是貓派狗派等問題來個身家調查，以便由小窺大，更了解對方的個性。

但每次聽到這類問題，我都默默希望可以不用回答。不是因為不想貼標籤或裝神秘，而是同時身為八年資深貓奴，兼又從小跟家中狗狗一起長大，我真的很難從這個二分法的問題中，選出自己究竟屬於哪一派。

不過也因為從十歲開始，人生的各階段記憶中，幾乎都有寵物陪伴，所以與貓咪和狗狗相處，熟悉牠們的脾氣個性，是我生活中很重要的一部分。

剛開始養貓時，有些不習慣，跟從小一起生活的狗狗相比，貓咪給人的感覺較冷，距離感稍微遠一些，就算從小養的 Maru，還在最愛玩的幼兒時期，除了精神好想玩耍的時候，會主動跑來找人玩，其他時間並不會像狗狗一樣隨時跟在身旁，反而寧願自己找樂子。

就算一起生活了這麼多年之後，有時候下午在家想跟牠們玩耍，

如果不巧碰到牠們的補眠時間，仍然會有一種打擾到牠們的感覺。不過，在這段與貓咪一起生活的日子裡，我發現充滿神秘感，偶爾感覺有些難搞的貓咪，其實都是關注當下與自身的生活大師，跟牠們一起生活久了，也在牠們身上學到一些事。

我們家現在有兩隻貓，一隻是從小開始養的男虎斑 Maru，個性大而化之，可能因為是長男，牠比較霸道，任何玩具或是新紙箱，只要看到了都是牠的，但多相處之後就會了解，男子漢 Maru 其實相當膽小，任何聲響都會嚇到牠，也極度討厭出門或去到不熟悉的環境。

另一隻是大約兩歲才來到家裡的女虎斑 Chibi，同是虎斑貓，牠的身型比 Maru 小至少三分之一。可能因為曾換過幾個家庭居住，牠比較會察言觀色，碰到玩具被搶走，或是位置被霸佔都不爭不搶，很會觀察身邊的人事物。來到我家不到兩個月，就學會開門；家裡添了新東西，Chibi 也是最早發現的那隻貓。牠的個性大膽，搬到新家，通常都由牠先出來探險。

究竟我從貓咪身上，學到哪幾門功課？又修了哪些學分呢？

Cat. 貓咪學分①：隨時整理好自己的狀態

首先，無論在什麼情況之下，都要好好整理自己的狀態。

相信養過貓的人都知道，貓咪每天會花上很多時間幫自己清潔身體，可能是吃飽後，或是剛睡醒睡眼迷濛的時候，也可能是無所事事的下午，不管在什麼時候，牠們都會透過舔毛，整理自己的氣味與清潔。一直到養貓之後，我才知道，原來貓咪的舌頭上有倒鉤狀的構造，就像一把小梳子，可以透過舔拭這個動作，把身上的毛髮梳理乾淨。

除了清潔並去除異味，舔毛還有紓壓以及促進血液循環的好處，貓咪可以透過它幫自己按摩，並調節身上的濕度。不同於人類通常為了出門而打扮自己，貓咪對於整潔的堅持，不是為了給誰看，而是一種生活態度，每每看到牠們仔細整理自己的樣子，好像也在提醒著我，每天花點時間整理好自己的狀態，這是生活中很重要的任務呢！

Cat. 貓咪學分②：永保好奇心

第二個我從貓咪身上學到的功課，是保持好奇心。我們總花很多時間懷念童年的美好，當然，那些逝去的時光很令人嚮往，

但其實現在的我們，不管在能力、知識與物質上，擁有的都比小時候來得多，那麼，令人懷念的到底是什麼呢？

我想很大一部分，是對凡事保持開放與好奇的心態吧！Maru 與 Chibi 基本上都不出門，每天生活在同樣的環境中，這樣看似單調的生活，卻能感覺牠們都過得挺有趣味的。不管是角落放著的紙箱，或是換個位置擺放的沙發毯，常看到家裡兩隻貓咪，用探索的姿態與好奇的表情，小心翼翼探視這些物品，雖然一直關在家裡，卻從來不覺得無聊。

看著牠們，有時候我也會想起小時候的自己，就算每天放學回家都走著一樣的路，還是能在途中找到有趣的「新事物」，可能是秋天路上夜來花香的氣味，或是鄰居家門口可以拿來塗指甲的鳳仙花開了，甚至是路旁那個像人臉的石頭被移位了……

反觀長大後的自己，在忙碌的工作日程中，出門及回家的路上，好像只剩下無意識地滑手機打發時間，也不記得到底看了些什麼。開始跟貓咪一起生活，我漸漸體會好奇心的重要，唯有打開自己的覺察力，才能體會生活帶給我們單純的喜悅。

Cat. 貓咪學分③：勇敢說不

一直以來，學習社會化的過程，是我們成長中重要的一環。從開始接觸語言、學習知識、練習與人相處，到出社會利用自己的能力賺取報酬，在這個社會化的過程中，我們漸漸喪失表達自己真實意見的能力，尤其在拒絕別人的時候，因為擔心在別人心中留下不好的印象，總是提前就想好拒絕的藉口，以免傷了和氣。在不知不覺中，我們或多或少都喪失了說「不」的能力。

在與貓咪相處的過程中，我發現牠們就算在喜歡與親近的人面前，還是能大方說不。我們家的兩隻貓咪，通常都以不回應來拒絕我不合時宜的邀約。例如牠們在休息或理毛的時候，不管我怎麼叫都沒有反應，這點對於從小跟狗狗一起長大的我來說，一開始有些不習慣。後來我發現，貓咪這樣珍視自己的態度，反而讓我更珍惜與牠們互動的時光，同時學會觀察牠們的生活班表，以便安排適合彼此互動的時間。

這讓我學習到，在與人相處時，若想要他人尊重我們，就要學會在適當的時候說不，為自己保留一些空間，明白優先順序的重要性，不但能讓相聚時光更珍貴，當你向朋友伸出援手時也會顯得更特別，真是一舉數得呢！

Cat. 貓咪學分④：活在當下

另一件我在貓咪身上學會的事，對我來說也是最困難的事，便是活在當下。

我的膽子不算大，又常對不確定的事憂心，大自人生規劃、未來的期許，小到明天的會議報告有沒有準備好，或待會出門會不會漏帶什麼東西，常陷入各種對未來的擔憂而不自知。對於未來有規劃及目標固然是件好事，不過有時候也會因此忘了關注當下的美好。

跟貓咪一起生活的日子裡，我發現牠們非常忠於自己的喜好與當下心情，碰到喜歡吃的東西，馬上吃個精光；聽到窗外的鳥叫聲，立刻睜大眼睛，並將身體移動到最佳位置，興奮地觀察窗外動靜。到了想要睡覺的時候，不論怎麼叫都叫不醒，安穩地睡在自己喜歡的角落。

我目前雖然居家工作，有時候卻會像在辦公室上班一樣，一不小心便坐在電腦前忘了時間，偶爾離開工作間去倒水的時候，看著 Maru 與 Chibi 各自做著當下想做的事，我也會提醒自己，自律雖然重要，但適時放下手邊那些「必須」處理的事務，慢下來跟牠們打聲招呼，或是一起待著休息一下，感受當下的心

情以及身處的環境，藉由這種片刻的關機，幫自己隨時充電，而那些我們以為重要的任務，就算稍微延後五分鐘再開始，大部分都無關緊要呢！

每個人的生活中，或多或少都會碰到自覺不足或感到挫敗失望的時候，更別說在科技快速發展，資訊量爆炸的現今社會，學習多工與高效生活，早已是現代人必備的生存技能。不過，如果我們偶爾能暫緩腳步，提醒自己活得更像隻貓，用更簡單純粹的態度，直接面對生活壓力，也許能在忙碌的步調中，找到那些讓我們感到舒心自在的片刻，重拾好好生活的動力。

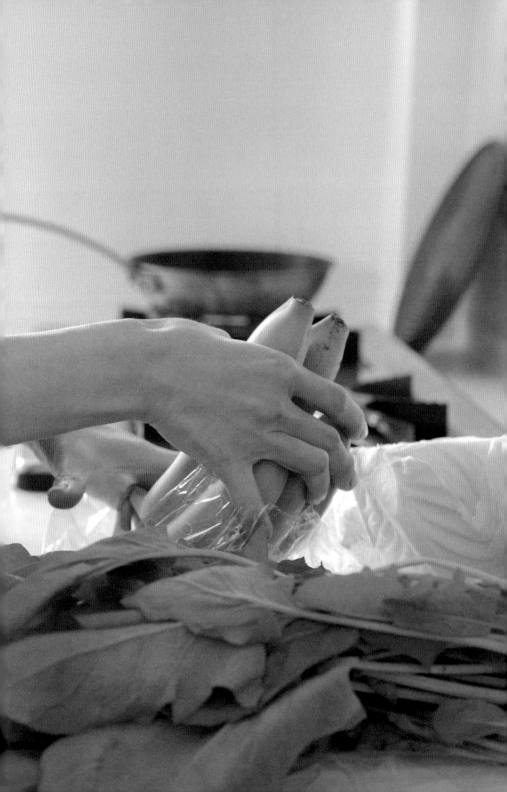

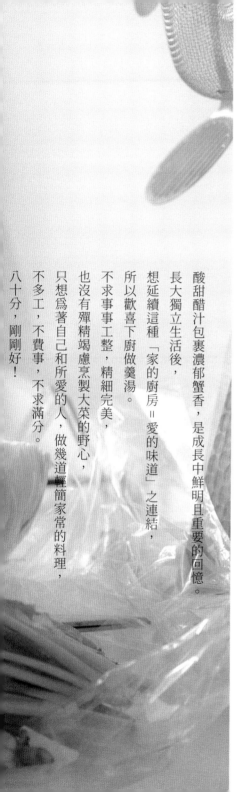

日常料理
八十分最美好

酸甜醋汁包裹濃郁蟹香，是成長中鮮明且重要的回憶。

長大獨立生活後，

想延續這種「家的廚房＝愛的味道」之連結，

所以歡喜下廚做羹湯。

不求事事工整，精細完美，

也沒有殫精竭慮製大菜的野心，

只想為著自己和所愛的人，做幾道輕簡家常的料理，

不多工，不費事，不求滿分。

八十分，剛剛好！

餐桌上的四季

小時候，媽媽總是會在不同季節，準備各種餐點或節慶吃食，令我印象最深的，是每年秋季的毛蟹宴。我們家的親戚大部分都住得不遠，基本上每週都會有聚餐，看著媽媽在廚房忙進忙出，是童年週末的珍貴記憶。

不過一年中只有一天，爸爸對於餐聚比媽媽更為興奮，只要一入秋，便早早地跟全家宣告日期，並規劃起一年一度的毛蟹晚餐。餐聚當日一大早，爸媽便會拎著水桶開車出門，去北海岸採購十二人份的毛蟹，回家後在桶內加點水，蓋上棉布以免螃蟹跑出來，然後媽媽開始動手準備晚餐要吃的菜餚。

愛吃螃蟹的我，總是特別期待這一天，還沒到晚飯時間就坐在餐桌前，一邊看著廚房裡的媽媽烹煮著一道又一道美食，一邊等待她拿出大蒸籠。我們家吃毛蟹，必配薑醋汁，混合辛辣與白糖甜味的醋汁，能很好地帶出螃蟹的鮮甜。一直到現在，每到秋天，我都會想到酸甜辛辣的醋汁，裹著鮮甜濃郁的螃蟹香味。而這種味覺與季節的記憶，是我成長期中最鮮明且重要的回憶。

獨立生活後，我也開始嘗試安排自家餐桌，想著要用當令食材與日常飲品，為餐桌端上一道又一道的季節限定料理。別看「限定料理」聽起來厲害，其實只要有了季節食材的天然好風味，

採用簡單的方式料理，不僅做起來不費事，也能保留食材原味，
嚐到時令的原始滋味。

menu. 春天的筍之味

每年大約到了春天，最期待的食材便是筍子，雖然台灣不同季
節都能吃到美味的鮮筍，不過大約四月開始，我就會去傳統市
場搜尋綠竹筍的身影。煮筍子對我來說是件大事，秉持著分秒
必爭的精神，從市場買回家後馬上要先川燙殺青，一次燙起來
放著慢慢吃。為筍子殺青的那一天，家中瀰漫著綠竹筍的香味，
像在宣告春天正式到來。

通常，我會挑一根看起來最嫩的筍，當天晚上做一鍋竹筍炊飯，
做法不是特別繁複，卻是自己很喜歡的口味。飯鍋中加入兩杯
白米，接著倒入大約一杯半燙過竹筍的水，與半杯淡味柴魚醬
油，接著放入一小把蝦米，還有三十公克的毛豆仁，最後鋪上
切成塊狀的竹筍，想吃鬆軟口感時，按正常煮飯模式就可以了，
或是稍微煮久一點，鍋底煮出焦香的鍋巴，味道也很美妙。上
桌前，可以依照個人喜好撒上蔥花與一點芝麻油，在鍋中確實
地攪拌均勻，香氣四溢的春季炊飯，與竹筍清甜的口感，每一
口都能吃到春天的氣味。

menu. 梅汁山苦瓜好消暑

在炎炎夏日，精神與胃口都提不起勁的時候，特別喜歡做些冰涼的淺漬品。放在冰箱中，吃飯的時候拿出來搭配肉類主菜，除了可以少備一道菜，冰涼清爽的口味，也有助於提振低迷的胃口。

眾多淺漬菜中，我最愛梅汁山苦瓜。做法很簡單，把苦瓜剖開刮除白膜，切成薄片備用，接著，取一鍋水煮滾，放入苦瓜川燙大約三到五分鐘，把澀味煮掉後，撈出立刻泡入冰水中，增加清脆的口感。

再來，取出紫蘇梅與梅汁，把梅肉去籽後，放入冰鎮過的苦瓜一起拌勻，再加入一小碗水與砂糖。喜歡吃辣的人，不妨切點辣椒絲，想要降低辣度的話，可以去除辣椒籽，加了辣椒的梅汁山苦瓜，不但味道更有變化，顏色也好看。

我習慣把拌好的苦瓜裝入保鮮盒中，放入冰箱醃漬一晚，隔天就可以吃了。消暑酸甜的山苦瓜，在酷熱的日子裡吃來特別清爽，鮮明對比的色彩，也為炎炎夏日的餐桌增添了愉悅的視覺感受。

menu. **栗子燒雞映秋色**

秋天是食欲大開的季節，各色時令海鮮大出，除了每年必吃的大閘蟹，我最喜歡在家做的，是樸實家常的栗子燒雞。鬆軟香甜的栗子，帶有獨特香氣，即使混合了鹹香有味的醬汁，風味也絲毫不減，每次做這道菜餚，總要記得多煮半杯米飯，才能吃得盡興又滿足。

這道菜的食材很精簡，只要準備大約十顆左右的生栗子，與一隻土雞腿，就可以燒出一道豐盛的下飯菜。首先，將栗子放入滾水中煮到半熟，差不多十分鐘左右的時間，便可以關火燜至五分軟。

接下來準備配料：切二到三片老薑，與五顆蒜瓣，我很喜歡栗子燒雞裡面燉到軟爛入味的大蒜，所以會盡量挑大顆的，有時甚至會多加一些。油入鍋燒熱後，加入老薑以小火煸至薑片周圍微微捲曲，放下蒜頭稍微拌炒一下，便可以放入剁成大塊的雞腿肉，以及剛剛燜至半軟的栗子，一起炒至雞肉表皮呈金黃色。依序加入一大匙米酒、一大匙醬油以及少許冰糖，稍微拌炒後，倒入兩杯剛剛煮栗子的水，便可以蓋上鍋蓋燉煮了。

差不多燉半小時，等栗子呈現鬆軟熟透的狀態就可以吃啦！香

甜鬆軟的栗子，搭配燉煮入味的雞腿肉，這種樸實鹹香的氣味，讓舒爽的秋天多了一層暖心的幸福氣息。

menu. 冬日雪見鍋迎週末

一直覺得，冷冷的冬天在家吃火鍋，是天底下最幸福的事。不過比起各種市售的現成湯底，我更喜歡自己在廚房玩花樣。冬天的白蘿蔔特別好吃，有一回在漫畫中看到鋪滿白蘿蔔泥的雪見鍋，覺得很新奇，馬上在家試做，從此，它就成為我家的冬季定番料理。

首先，依照自己喜歡的口味準備高湯，通常煮魚片鍋時，我喜歡用清淡的柴魚高湯，如果想吃有豐富油脂的豬肉火鍋，我會在湯底中加入一匙醬油與少許柚子胡椒提味。

既然是白蘿蔔雪見鍋，最重要的主角當然就是蘿蔔啦！吃一頓火鍋，通常我會使用半根白蘿蔔，先將白蘿蔔的皮削去，削皮時可以比煮湯的蘿蔔稍厚一些，比較不會有澀味，接著將蘿蔔搗成泥，擠去水分，放入準備好的高湯中，就可以與喜歡的火鍋配料一起上桌。

居家的火鍋時間，通常是冬日週五這個限定時光，經過一週忙

碌的工作，週五晚上就著火鍋，一邊慢慢吃，一邊放鬆心情，悠閒地迎接週末到來。若遇三五好友到訪，再斟一杯自家釀的梅酒，吃吃喝喝，可以一路聊到深夜呢！

差不多小姐的八十分料理

跟朋友聊天經常被問到：「每天煮飯不麻煩嗎？下班累得要命，還要想菜單實在沒力氣誒，到底是怎麼做到的？」

忙到沒時間做飯？其實，我個人的經驗正好相反。我發現越是有規律的上下班行程，我反而更願意下廚做飯。可能是因為煮飯過程，讓我有感地從工作模式切換到生活模式，藉由清洗、備菜、烹飪一系列動作，原本緊繃的精神慢慢放鬆，心情也舒緩了起來。在簡單生活的練習過程中，料理食物除了能有效幫助我放慢腳步外，做出好吃的菜餚，也能增加成就感，為緊湊忙碌的步調，增添不一樣的樂趣，對於穩定心情很有幫助。這樣說起來，自己準備餐食，實在是很划算的投資呢！

不過，思考菜單與餐點安排，的確需要花費時間與心力，畢竟不是每天都會有烹飪新點子，也不見得總是有時間研究食譜。對我來說，不管是練習簡單生活或準備餐食，都是為了改善生活而為之，如果因此感到負擔或反而增加生活壓力，豈不得不償失？所以，每次碰到朋友問我這個問題，我都會反問：「你準備晚餐的步驟是什麼？大概要花多少時間呢？」

身邊的朋友大都是職業女性，有小孩的比例偏低，生活中多半都以外食為主，對於這些新手煮婦來說，洗手做羹湯算是陌生領域。因此，我得到的回答差不多如下：「先上網找菜單，看

看有什麼想吃的；接著確認需要的食材，如果不是冰箱中既有的材料，趕著下班先去超市採購，再回家按照食譜一步一步做；做完一道後再換下一道菜，通常不算上買菜的時間，至少也要花上一個多小時。煮完我也累了，搞得自己胃口盡失，也不知道怎麼處理剩下的食材，還有日漸累積的調味料。」

比起媽媽，我對料理的知識尚嫌淺薄，煮飯時又不愛鑽研細節，對於食材的掌握度也算不上十分精準，完全是「差不多小姐」那一類型的煮婦。不過，我很喜歡煮飯的過程，也善於安排流程，能精確掌握烹飪節奏，把幾道菜的備料、下鍋烹煮與上桌時間拿捏得剛剛好，是我做飯時的樂趣之一。跟幾位朋友交換過心得之後，我發現，自己下廚與其他人最大的不同，也許是在於我不那麼追求完美，同時又善於偷懶的個性。

menu.　**最愛料理起來簡單又好吃的菜**

生平第一次每天為多人煮飯，是在去倫敦留學期間。當時住在西倫敦 St. John's Wood 的四房公寓中，同住的室友都是習慣吃中菜的亞洲人，為了省錢與慰勞思鄉的胃，晚上的餐點，通常都由當時最年長的女性，我，來準備。

倫敦的一般超市裡，適合料理中菜的食材並不多，每個月有一

天，我們會一起出動去中國城大採購。經過七百多天的練習，在有限的食材與時間中，煮出三菜一湯的四人晚餐，成為我兩年多留學生涯中，一項意外的技能收穫。

也是從這時候開始，我嘗試整理記錄下自己的招牌菜。這些拿手食譜，有些是從小看媽媽煮飯學來的，還有一部分是嘗試新菜色的時候，發現準備起來快速又好吃的料理，我都會把它們記下來，累積在自己的私房菜單中。選擇的方式不是那些最好吃的菜，而是以自己與家人喜歡，又不會太費時費力的料理。

如同我練習簡單生活的道理，只是為了達到讓生活更輕鬆的目的，不想再為多餘物品或不重要的事物煩心，因此願意花點時間尋找適合自己的生活模式，制定一套能讓生活擁有餘裕的規律，不強調事事完美，而是追求八十分就好的均衡生活。

menu. 搭配麵飯沙拉都相宜的開胃口水雞

既然下廚目的是希望能輕鬆做出美味餐點,我喜歡的招牌食譜,
通常都會符合以下幾個特性:
1. 食材好取得,最好是家裡冰箱固定會有的;
2. 具有變化,同樣的料理可以變化出幾種吃法,就算常做也不
   會膩;
3. 包容性大,就算更換食材還是很好吃;
4. 不需要花太長時間製作,也用不到高深的烹飪技術。

例如,每當我不想做油煙飛繞的快炒料理或花時間燉煮,卻又
想吃點重口味的菜餚時,就會挑選相對簡單的口水雞當作主菜,
只要在烘焙紙上放上去骨的雞腿排,用米酒與鹽巴稍微醃漬十
分鐘,等待入味的時間正好來調製醬汁。

口水雞的醬汁重點是辣油與花椒粉,鹹味主要來自醬油,接著
加入一點白醋與砂糖中和口味,如果追求比較有層次的味道,
也可以加入一小匙味噌或花生醬增添風味;想要擁有更多辛香
料的氣味,還可以加入蒜末或薑泥提味。醬汁的口味各家不同,
只要按照家中既有的食材,一邊調一邊試味道,就能找到自己
最喜歡的口味喔!

接著，把烘焙紙上的雞腿肉確實包好，放入加了水的平底鍋中，要注意水不要淹過紙包雞，水煮開後蓋上鍋蓋，用小火蒸煮八到十分鐘後取出，先把雞腿立刻放入冰水中冷卻，再把烘焙紙中蒸出來的雞湯原汁，和剛剛調好的紅油醬汁充分調勻。

上菜前，把冰鎮過的雞腿切成片狀，排入盤中。最後在冰鎮雞腿片上倒入紅油醬汁，撒上白芝麻、切碎的堅果與香菜，沒有油煙的簡易版口水雞就完成了。整道料理時間不到二十分鐘，若是想連蔬菜一起搞定，可以在裝盤時，雞肉下方鋪上萵苣等菜味較淡的生菜葉，做成口水雞沙拉；或是直接把雞肉與醬汁鋪在煮好的乾麵或烏龍麵上，做成口水雞涼麵，連拌麵的醬料都不需要另外製作，方便又快速，喜歡重口味的人一定要試看看！

menu. **夏日降溫冷味噌泡飯**

如果天氣熱，胃口不好的時候，我就會做外婆喜歡的冷味噌泡飯。做法跟一般的味噌湯差不多，不過因為要加入冰塊冷卻，所以口味可以調得稍鹹一點。

我家做這道料理的時候，重點食材是洋蔥跟小黃瓜，其他配料就看當天冰箱有什麼適合的蔬菜，諸如各種蕈菇與根莖類蔬菜都很適合，還可以再加點豆腐、魚肉等蛋白質。唯一要注意的是小黃瓜必須切成薄片，並且不要在一開始就加入，等味噌湯煮好了，關火後，再把小黃瓜片放進來，保持稍微清脆的口感。

煮好後稍微放一下，等湯差不多降到室溫，在味噌湯中加入冰塊，增加清涼的感覺。小黃瓜特有的氣味，搭配冷湯清涼的口感，很適合炎炎夏日。這道可以作為夏天晚餐的湯品，也能像我一樣，直接舀在飯上作成湯泡飯，當成午餐也很適合。

在那些不想思考、希望放空腦袋的下廚時間，就利用招牌食譜中的這些簡易菜單，讓自己既可以享受療癒的料理時光，又不用為了不熟悉的食材或烹煮過程，感到焦慮與挫折。當然，每個家庭適合的料理都不一樣，喜歡的口味更是天差地遠，建議大家在煮飯時，不妨留意一下自己特別拿手的好菜是哪幾道，把食譜記下來，也許經過簡單的排列組合，餐桌就能充滿新意。

常備菜，
我的偷閒好幫手

我很喜歡逛菜市場，就算旅行途中，也喜歡去各個城市的市場或超市走走逛逛，看看有哪些不認識的蔬果，或沒有見過的雜貨。比起必逛的旅遊名勝，逛市場更有種窺探當地庶民生活的樂趣，雖然人在外地，能買的東西有限，但若能碰上沒有嚐過的水果，或品嚐到當地的特色小吃，還有能帶回家的乾貨、調味料等，就是旅途中的一大樂事。

在日常的買菜行程中，相較於散裝販售的傳統市場，超市的規格化包裝非常方便。但是人聲鼎沸的傳統市場自有其魅力，市場裡經常可見價廉物美的「百元蔬果」：一整盤一百元的瓜果、一整袋新鮮飽滿的大蒜，或一包肥碩鮮嫩的秋葵……每每看到總想把它們都帶回家。這些打包回家的戰利品，因為量多一次吃不完，若能把多餘的分量做成常備菜，等於一次備好三四天的配菜，不僅在煮飯的時候更輕鬆，也能充分留住食材的鮮美。

如果說記錄自己的招牌食譜，能讓我們不用費力思考菜單，無壓力做出好吃餐點；那麼常備菜就是在嘗試新菜單時，能有效幫助工作減量的利器。除了省時，常備菜還能增添餐桌的豐富性，因此，我特別喜歡使用瓜果類食材，搭配顏色豐富的蔬菜來備置，像是小黃瓜、木耳、紅蘿蔔等，不僅為餐桌增添顏色，也能輕鬆達到均衡營養的目的。

通常，我喜歡在家自製淺漬泡菜，除了準備起來輕鬆快速，泡菜酸甜的口味也能輕易搭配日常餐點。所謂淺漬泡菜，是指短時間內醃製的各種蔬菜，做法通常比較簡單，不同於韓式泡菜或中國北方的酸白菜，需要經過較長時間的脫水與發酵過程，淺漬泡菜大約一天就可以吃了。

menu.　　時間幫忙料理的味噌小黃瓜

我最常做的是，幾乎不用任何技巧的味噌小黃瓜，只需要把小黃瓜洗乾淨，用鹽巴在砧板上滾一滾去除青澀味，接著用保鮮袋裝入小黃瓜，加入兩匙味噌、一匙砂糖，放在冰箱冷藏，大約過十二小時後小黃瓜就會出水，與味噌形成醃漬液，隔天就可以開吃。過程中不用特別搓揉或攪拌，時間自然會幫忙做好這道料理。

上桌時，取出醃漬好的小黃瓜，切成薄片當小菜，或是燙些肉片冰鎮，與小黃瓜跟味噌醃料拌勻，便是一道適合夏天吃的涼拌主菜。唯一要注意的是，醃漬超過三天後，我會把小黃瓜從袋中取出，另外放到保鮮盒儲存，避免味道太重。淺漬小黃瓜放在冰箱，大約可以保存三到五天。剩下的味噌液，還可以拿來再次醃漬新的小黃瓜或肉類，此外，也可以拿來煮味噌湯時使用。

menu. 一物多吃的油漬彩椒

除了淺漬泡菜，我也很喜歡做各式西式常備菜，搭配早午餐或義大利麵、各種排餐都很適合。其中我最常做的，是小時候媽媽教我的烤甜椒。跟剛剛的味噌小黃瓜一樣，這道菜做起來幾乎沒有什麼難度，只是每個烤箱的空間與熱度可能不太一樣，只要嘗試幾次，調整食材的數量與溫度，就可以抓準甜椒在烤箱裡的時間。

首先，把甜椒仔細清洗乾淨後，切半剖開，用手去除中間的籽，再把對半切的彩椒鋪在烤盤上，烤箱預熱到攝氏一百九十度，把彩椒放入烤三十分鐘，因為每個烤箱的內部空間大小與溫度不盡相同，時間可能長短不一；但基本上只要掌握一個重點，看到彩椒的外皮呈現焦黑，肉身軟爛就可以出爐了。

取出烤好的彩椒，此時外層的薄膜可以輕鬆地用手剝除，把薄膜都剝乾淨後，將彩椒切成適合入口的條狀，加入初榨橄欖油與巴薩米克醋拌勻，就可以移至冰箱冷藏。做好的油漬彩椒，除了搭配排餐單吃，早午餐時也可以直接混合生菜做成沙拉，或直接拿來拌煮好的義大利麵，成為清爽又漂亮的義大利涼麵，屬於四季皆宜的常備菜。

對我來說，常備菜之於餐桌的重要性，就像自己在忙碌生活中空出一個小時的餘裕。在強調多工與效率的社會，排滿的行事曆與深夜加班，彷彿已經成為一種努力工作的勳章，「空出一小時休息」這個概念，顯得有些奢侈。但我相信大部分人都知道，為了照顧好自己身心的健康，休息是最重要的良藥。正如大家都熟知的那句老話「休息，是為了走更長遠的路」。

在準備每日餐食的過程中，「招牌食譜」與「常備菜」是我的兩個好幫手，也是讓我在日日忙碌的生活中，得以喘息的休息站。如果，今天對於料理特別有動力，不妨一次多備幾道常備菜，放在冰箱冷藏保存；有了這批生力軍，明天或後天失去烹飪動力時，在餐桌上請出生力軍幫忙，吃飽喝足後，也許你會跟我一樣，因為這些好幫手而重拾料理樂趣喔！

為愛吃的自己
定下飲食規則吧！

不知道各位對於吃有什麼看法？

飲食在我的生活中，一直佔著相當重要的地位，並不是說我是
什麼美食家，或專精的吃貨，僅僅是從小放學後便喜歡賴在媽
媽身旁聊天的習慣，比起客廳，承載烹飪過程的廚房，對我來
說更像是家的中心點。

提到簡單生活飲食，大部分人會聯想到的，不外乎：口味清淡
的蔬食、均衡健康的配比、還有就是吃不飽的小分量。對於吃，
我覺得自己是貪心的，不過，在與朋友聊天的過程中，卻常發
現身邊人對我的誤解。可能因為天生食量不大，身材也比較瘦
小纖細，吃東西的速度又特別慢，所以大部分人對我的印象，
都與簡單飲食的刻板印象重疊：吃得清淡、不愛垃圾食物，以
及在飲食上很節制。

殊不知正好相反。從小，我的食量就特別小，怕燙也不耐冰，
每口食物總要在嘴裡咀嚼到軟爛才能吞下，吃一餐要花上好長
時間。天生的小胃口，就像是不寬裕的戶頭存款，每分錢要怎
麼花才合算、哪些物品值得購買，或是在什麼時機購入才好……
我總是像管理帳戶那樣，斤斤計較自己的胃容量。

正因為可以「揮霍」的胃口不大，對於自己的飲食喜好，就像

是白紙黑字那樣明明白白：鹹食大於甜口、肉食愛好者、烤物炸物都喜歡，尤其迷戀膽固醇高的帶殼海鮮。對於澱粉的依賴度，也是幾乎沒辦法割捨，除了各式早餐的麵包、蘿蔔糕或蛋餅外，晚上吃下飯的中菜或是香噴噴的烤肉時，若不配碗香甜軟糯的白米飯，總感覺愧對了滿桌的好菜。

這樣的用餐習慣，與簡單清爽的飲食著實扯不上什麼關係。不過，大約是在職場工作十年後，我發現工作時的精神狀態與吃進的東西息息相關。如果當天中午吃得較飽，下午的工作時間會特別難熬，尤其攝入過多升糖指數高的澱粉主食後，不僅很難集中注意力，開會時也容易哈欠連連。

也差不多在同時期，因為長期沒有控制飲食的習慣，我的胃變得有些敏感，胃脹氣成了家常便飯，一不注意，還偶有胃食道逆流的症狀。雖然都是小毛病，但因為不確定什麼時候會發生，我的胃就像一位每天形影不離，個性卻陰晴不定的朋友，有時很好相處，冷不防就會鬧個小脾氣。吃飯的樂趣也因此慢慢被消磨，讓我在飲食上綁手綁腳。

✓ 飲食不戀棧多，但求精準與舒心

為了愛吃的本性，又不希望吃飯成為生活中的負擔，我重新規劃自己的飲食，就像練習簡單生活一樣，不戀棧多，但求精準與舒心。

首先，一天從三餐減為兩餐，白天的飲食以維持精力為首要考量，減去大部分讓我感到疲累的澱粉類攝取，以蛋白質和蔬果為主，調味也偏清淡，既能保持工作時的效率，也不用擔心身體拖累了精神。晚餐時再吃點澱粉解饞，搭配豐盛的餐點，就算在家吃飯，也盡量維持兩道菜以上，以多樣變化來滿足愛吃的天性。

再來是，把自己的飲食分為兩部分，有點像週間與週末的概念，大約百分之七十的時間，我會在喜歡的範圍內，以均衡飲食與健康邏輯準備餐點；剩下百分之三十，則以滿足自己的口腹之欲為優先。這麼做的好處是，飲食上有了休假的感覺，就能為自己提供一點餘裕，不會有種隨時都被限制的感覺，既能吃到想吃的東西，也不需要一邊吃一邊充滿罪惡感，而在大部分的時間中，都能享受均衡飲食帶來的健康好處。

定好大框架作為目標，接著就可以來梳理其中的細節了。以一

週為基本單位，一日兩餐為例，計算下來一個禮拜會吃十四餐，也就是在這七天內，有四餐可以隨意的選擇餐食，不需要斤斤計較營養分配；剩下的十餐，則在喜歡的範圍內，用均衡的餐點來照顧身體。

✓ 不偏食才能分擔風險

決定重新規劃每日飲食之前，我查找各種資訊，想找到所謂「有益健康」的食物，各個派別的營養專家說法都不盡相同，不論是依食物酸鹼性判定，還是喊出「超級食物」這一類花俏的宣傳，試過一輪下來，說實話，對我幫助並不大，也因為各種危害身體的資訊充斥，好像什麼都不能吃，越看越焦慮。

為了擺脫這些資訊焦慮與擔憂，我決定關起搜尋雷達，遵照一個再簡單不過的邏輯：分散風險。在百分之七十的均衡飲食日程中，給自己訂下「不偏食」這個原則：不迷信單一的「超級食物」，沒有每天必吃的固定班底，而是多種食材輪著吃；並且盡量選擇當季盛產的蔬果，享受餐桌上的四季更迭。自從開始有意識觀察自己的飲食習慣，並選擇多樣化的營養來源，既不用擔心單一營養素攝取過量或不足，也不必再困惑於網路上五花八門的資訊。

在飲食調整的過程中也發現，這些規則無所謂對錯，且需要常常修改與微調，其間獲得與學習最多的反倒是，每個人在不同階段，適合的飲食模式都不一樣，飲食規則當然因人而異，而定出這樣的規律，只是正好適合現在的我。

跟練習簡單生活的道理一樣，我們每個人的生活環境、職業、家庭成員、收入，甚至身體狀況都不盡相同，硬要把另一個人的生活模式，完全複製到自己身上，就像穿著一件不合身的衣服，就算看起來有模有樣，但當我們長期穿著不合的衣服，身體總會感覺到各種小小的不適：差一分的剪裁、不剛好的縫線，或是過窄的肩線，把我們牢牢限制住了。

飲食控制的過程，一開始也許比斷捨離更艱難些，畢竟以一天三餐的頻率來算，我們在一天二十四小時內便會碰到三次誘惑因子。而每天思考要吃什麼，本來就不是件省心的事，如果還要為了健康天天陷入該不該吃的天人交戰，想想實在痛苦。所以如果你也跟我一樣，對於吃不願妥協，卻又希望能照顧好自己的身體，不妨花點時間幫自己的飲食訂個規則。然後，放心大膽地開吃吧！

飲食控制很好，
但要量力而爲

經濟繁榮，社會進步之後，營養不良的情況已經很少出現在我們的社會中，倒是營養過剩導致高血糖、高血脂、高血壓等疾病，影響著越來越多人的健康，讓我們不得不開始正視自己的飲食習慣。

正因為這樣，隨之而來，是各式各樣的飲食控制法應運而生，像近年來流行的減醣、低碳水、戒蛋奶、戒麩質⋯⋯好像每過幾年，我們的飲食生活中就會出現新增的「罪魁禍首」。而這些被劃為「危險」的食物，常常都是我們習以為常的飲食習慣，林林總總的營養資訊讓人看得眼花撩亂。其實不論低脂還是高蛋白，多纖或是去麩質，我總覺得世間大部分的事，過與不及，都有一定程度的風險。

說個身邊的例子。我有個親近的朋友，對於自己的生活很有想法，也總是能把身邊各種事務安排得井然有序。在她準備要結婚的前期，除了打點婚禮事宜，對於自己的體態與容貌也特別在意。每每看到這種有計劃的新娘，提早準備婚禮，有條不紊地安排流程、確認各類細項，還要花心思維護自己的體態與膚質狀況，全心全力為著結婚大事努力，我總是忍不住投以欽佩的目光。

note. 因為一六八斷食法引起的小疹子

近年來對於奶蛋及麩質容易引起過敏的討論升高，加上各種節食計畫盛行，這位認真又善於規劃的準新娘，也幫自己做了張飲食控制計畫表，半年前便開始按表操課。除了減少澱粉攝取，戒掉愛吃的奶蛋與麩質，還嚴格執行一六八斷食法。

不過，隨著婚禮時間靠近，準新娘的四肢與背部，開始冒出不尋常的小疹子，一開始想著可能是壓力過大，除了工作外，下班還要操辦各種婚禮相關事務，身體上難免會有些微過敏反應。雖然心裡著急，但安慰自己應無大礙。看了幾次皮膚科醫師，吃的擦的藥都試過了，皮膚狀況好好壞壞，卻總沒能斷根。

一直到婚禮過後，去做了孕前健康檢查，她才對我說，醫生告訴她，原來不管奶蛋還是麩質，都不是造成她過敏的原因。她身上起的像青春痘的小疹子，其實是一六八斷食法引起的內分泌失調所致，身體僅是誠實反應了體內的變化。

聽到這裡，我才驚覺，我們多容易被自己的大腦欺騙，在某些不一定必要的情況下，花了很多力氣想要做到極致，而忘了應該跳脫一下，離開當下那一股腦兒的衝動，好好體會自己真實的感受，導致常在無意識的狀態下，因為過於堅持適得其反。

且不說別人，我自己就常常掉入這種陷阱當中。

note. 　**用健康花茶取代含糖飲料**

有了朋友這個警示，在開始計畫調整自己的飲食習慣時，我有意識地自我提醒，無論想嘗試什麼計畫，都要觀察自己的感受與狀態，並找到適合的方法。經過一番思考，我認為在當時的工作模式下，想要試著減輕身體負擔，最容易做到的，是從減糖開始。由於我對甜食的依賴度不高，不需要經歷太痛苦的戒斷期，也不用花費太多時間準備食材或改變進食時間，單從控制日常水果攝取量，與飲料的含糖量著手，就可以輕鬆達陣。

說到飲料，從小，最令我著迷的便是奶茶了。不管一般超商可以買到的罐裝奶茶，或是手搖店的黑糖奶茶、烏龍奶茶，或近年流行的鍋煮奶茶，都是感到疲累時的療癒食物。除了單純的奶茶飲料，還有各種奶蓋、加料等花樣可以選擇。

台灣是珍珠奶茶的發源地，手搖飲的取得太方便，走在路上不拿杯飲料邊走邊喝，參加辦公室的下午茶團購不來上一杯，好像顯得有些格格不入。既然含糖飲料在生活中無孔不入，想要拒絕誘惑，第一步，就是讓自己隨身都備有水或飲料，盡量減少在外購買的機會。

當時我還是朝九晚五的上班族，一天至少待在辦公室九個小時

以上，從辦公時間下手，無疑是最佳選擇。我先將辦公桌下的一個抽屜清空，幫自己準備幾種不同的花草茶。如此在辦公室工作時，除了喝水，每天都可以挑選一種茶飲換換口味。

自此之後，每當下午茶的團購時間一到，我會先為自己泡杯花茶，以抑制想喝飲料的念頭。習慣了以後，我也開始嘗試不同的中藥茶飲，喝著喝著，竟喝出興趣來。春天我喜歡香味濃郁的玫瑰花茶；夏天大多喝些去溼降火的茶飲，諸如玉米鬚茶、黑豆茶、赤小豆薏仁茶；秋天則來一杯帶著清香的菊花茶；而到了冬季，補氣的紅棗、人參都是上上之選。

減糖帶來的諸多好處

自從這五六年來，戒掉日常的含糖飲料，自製奶茶時也盡量不太加糖，如果想喝點甜飲時，大部分會選擇自製的天然水果飲替代，最大的改變是身體感覺比較輕盈，雖然體重沒有太大變化，但早上起床時覺得身體輕鬆多了，頭腦不會昏沉沉的，意外的好處是，皮膚狀態更穩定，出油情況也有了改善。

雖然稱不上巨大改變，但這種幾乎不勉強自己，卻能獲得好處的方法，給了我蠻大的成就感與自信心，因此維持住這個習慣就沒有什麼難度，也在控制飲食的路上，起了一個很好的開端。

減糖的另一個收穫，是我對於嗅覺與味覺的連動更敏銳，這一點也許與健康改善沒有直接關聯，不過卻讓我能更好地感受茶飲的細膩之美。還在喝含糖飲料時，飲料好不好喝，主要來自於味覺上的判定：甜度是否適中？奶味夠不夠濃厚？還有茶味中是否帶著剛好的苦澀。

自從嘗試花草茶飲後，除了味蕾上的感覺，我發現更多的注意力，會放在味覺、嗅覺與心靈的連結。飽餐一頓後，總想來杯清涼的薄荷茶；天氣寒冷時，紅棗溫潤的氣味，讓我感覺安心；而在經過一下午的電腦工作後，菊花枸杞茶的香氣，讓緊繃的

神經感到舒緩。這些微小卻神奇的改變，使我在享用一杯茶飲時，體會到更多樂趣。

現在，我已經不需要再刻意拒絕含糖飲料了，反倒是身體與味覺像培養出了默契似的，再喝到帶有甜味的市售飲料時，常覺得不可思議，從前的自己怎麼喝得下這麼甜的東西？就算偶爾還是會有對於甜飲的渴望，我也任由自己按當下的想法來做抉擇，維持「量力而為」的減法準則。

這種可以按照自己的感覺做選擇，不再是被依賴控制的「無糖不歡」，也不是洪水猛獸式的「絕對禁糖」，對我來說，就是最舒適的方式。

簡單慢生活
再進化

疫情過去，口罩鬆綁，社交回歸，
城市依舊喧鬧，太陽照樣升起。
我的簡單生活練習，一步一腳印踏實前進著。
也許，心裡又多了一些煩惱，生活中冒出新的挑戰，
高光時有人報以掌聲，也有暗自療傷的時刻，
正如日子不會一直順遂，
但好的、壞的，悲傷、快樂、歡呼、流淚……
都是生命中的養分，滋養著自己，朝2.0方向大步邁進。

CHAPTER 4

讓「例行公事」
成為每天成就感的來源

不知道從什麼時候開始，Morning routine 這個詞成了生產力的代名詞，各種令人神清氣爽的晨間行程，也許是喚醒精神與身體的瑜伽運動、幫自己做份原型食物為主的健康早餐，或是利用閱讀開啟充滿知識的一天，聽起來都無限美好。不過當年身為上班族的我，對於這樣的晨間喚醒儀式，說實話完全沒有嘗試的動力，畢竟每天能多睡十分鐘，便是這個世界上最幸福的事了，誰能早起一個小時做運動並看本書呢？

在進行簡單生活練習的初期，因為工作型態轉變，我開啟遠距上班模式，當「急著梳化趕出門」不再是每個早晨的慣例，說實話，一開始真有點不習慣，每天離開臥房的床鋪後，拿著筆記型電腦放在餐桌上，迅速為自己泡杯咖啡，一天就這樣糊裡糊塗展開了。

雖然這種不疾不徐的步調聽起來輕鬆愜意，但是居家辦公一陣子後，我發現雖然在家的時間長了，不過因為工作強度比較高，如果沒有妥善運用及規劃自己的時間，可能一不小心，就會陷入整天坐在電腦前不動的狀態，不僅沒有感受到自由工作的彈性，反而像是工作狂一般被綁在書桌前，就算下班了，也常常想到什麼就重新回到電腦前，不是回信，就是打開電腦檔案打起字來，根本沒有辦法享受完全關機的放鬆感。

如果是從前的我，可能單純認為這是工作太多所致，每天休息的時間都不夠了，怎麼可能有精力好好規劃下班行程呢？至於那些想做的事，不管運動健身，還是看書、插花，等到哪天放假再好好一次做個夠吧！然而，現實是殘酷的，通常這些想法都只存在腦海中，到了假日，我多半都是隨心所欲睡到自然醒，如果沒有朋友邀約，便漫無目的展開全然放空的一天。

自從開始練習制定自己的每日「例行公事」，把我想做跟需要做的事情，切割成一個又一個更小的時間片段，插進每天的日程表中，藉由這樣的規劃，我收穫不少好處。曾經聽起來遙不可及的「Morning /night routine」，竟然也成為生活中不可或缺的一環，尤其在轉型成自由工作者的路上，確實帶來不少助益呢！

以下是幾項令人開心的改變，與大家一起分享。

✓ **簡化生活雜事選擇**

在之前的文章中我曾經提過，制定「每日例行公事」最直觀的好處，就是簡化生活中要抉擇的雜事。每個人對於雜事的定義都不同，但通常被歸類在「雜事」選項裡的事情，大部分都不這麼重要；而在腳步停不下來、一人分飾多角的現代社會，透

過制定「例行公事」，可以有效減少雜事的干擾，對那些錙銖必較的完美主義者來說，尤其可以很有感地減輕壓力呢！

✓ 啟動生活開關

「例行公事」帶來的另一個好處是，啟動生活開關。這點對於自由工作者或希望善用週末假期的人，做來特別有感。雖然，無論有沒有刻意設計早晨的例行公事，我們都還是會起床，並展開一天，但是，若能有意識地選擇適合自己，並且符合行程的「晨間例行公事」，身體與精神都會有種被喚醒的感覺，並自動調整到「準備好」的狀態。

這些能啟動晨間開關的例行儀式，例如每天起床把被子折好，先到廚房慢慢喝下一杯水，溫暖的開水流經食道抵達胃的過程，就好像告訴自己：全新的一天展開了！彷彿就像是開關一樣，能讓精神飽滿，正向的開啟一天行程。所以，千萬不要小看 routine 的力量！

✓ 把討厭的事情變簡單

在日常生活中，大家應該都有不喜歡做卻又不能逃避的事情吧！不論是什麼事，如果真的無可避免，建議試著將這些事拆解成

碎片，變成「例行公事」試試看，也許會有意想不到的收穫喔！

例如剛開始做數位整理時，最令我頭疼的，是一個較少使用的私人電子郵箱，裡面儲存了兩三萬封未讀信件，由於累積量太大，導致平常完全不想使用這個電子郵箱。因為如果要使用這個帳號，首要動作就是先整理它。

所謂整理電子郵箱，除了閱讀並刪除上萬封郵件，最好還能把該取消訂閱的平台都找出來，逐個去網站上操作取消的動作，以免剛清完信箱，又快速累積垃圾郵件。但光想到這麼做便覺得厭煩，遲遲沒有勇氣開始。

有一次，我在重新調整結束一天工作前的「例行公事」時，靈機一動，如果我每天下班前都能花五分鐘，逐一檢查郵件，一方面可以慢慢消耗掉「刪除郵件」這個我不想進行的大工程，另一方面，這個不需要花費太多腦力的無聊任務，正好符合下班前的心情。就這樣，不出幾個禮拜，我便把這件「討厭的工作」輕鬆解決了！

✓ 建立基本成就感

最後，「例行公事」還有一個很多人都想不到的好處，它能幫

助我們建立每天的成就感。

不管處於什麼樣的階段，在日復一日的生活中，難免都有提不起勁或特別沮喪的時候，例如工作上碰到不順心的事，剛好家裡又有需要處理的危機，在心情和狀態不好的時候，越忙越感到挫折，很有可能就此被焦慮纏上，心態越來越負面。這個時候，做完每天的日常「例行公事」，可以提供一種基本成就感。以我自己為例，有一陣子身體不舒服，連帶工作也受到影響，每天在家休養，卻越休息越心慌，好像什麼都做不好。奇妙的是，這時每天的晨間瑜伽提供我需要的成就感，當我發現自己還能持之以恆，每天做完這個十五分鐘瑜伽，心裡有種「其實我還 ok 嘛！至少可以做到一些事」的感覺。也因為這個念頭，讓我重回理性狀態，一邊觀察自己的身體，一邊在體力可以負荷的情況下，循序漸進解決了那些令我煩心的事，也因此逐步找回自己。

慢慢來比較快

不可否認，在現代社會「效率」是一個正向詞彙。生長在這種背景下的我們，不管讀書還是工作，高效率、多工、多元化發展，都是社會上推崇的正面能力。

曾經，我是個沒有耐心的人，總是下意識選擇「更快的捷徑」，就算接下來不一定有更重要的事待辦，卻總想快速處理完眼前的事，對於那些需要花時間的「閒事」，像是好好讀本書、漫無目的探索住家附近的街道，雖然覺得有趣，卻在做這些事的同時，感到越來越沒有耐性。又因為習慣了快速方便的資訊來源，在一樣的時間裡，總希望接收到更多資訊，本應該花時間慢慢吸收彙整的資訊，最後卻寧願依賴網路上各種懶人包、讀書摘要、重點整理，來迅速達到對某些事物的了解。

一直到二〇一九年底，因為新冠疫情展開，人們的生活常態被整個打亂，從一開始的恐懼不安，到後來的無奈與等待，在這三年中，習慣快節奏的人們，好似被按下暫停鍵，突然什麼都做不了。在這種環境下，很多人才恍然發現，過去理所當然的習慣，竟是焦慮感的來源。例如生活中各式各樣的雜訊，不管是實體還是網路上的資訊，都可能在無形中為生活帶來壓力。這種快節奏的生活拍子，常常讓我們因忙而盲，忘記了初衷，以及對自己來說真正重要的事究竟是什麼。

因此，減少生活中的雜物、整理雜亂的思緒，成為這幾年來的集體課題。奇妙的是，透過練習放慢腳步，在很多事情的完成上，反而讓我有種事半功倍的感覺，我統一將它們稱之為「慢慢來比較快」的小事。然而，慢慢來的人生節奏是需要練習的，在這裡我特別挑出幾個極其微小，卻是在日常生活中可以輕鬆練習的好方法。

✓ 用剪刀開包裝

首先是「好好打開包裝」，這看似件生活中小到不能再小的事。但我想大家都有這種經驗，想要拿零食來吃，手邊剛好沒有剪刀或工具，又懶得走去拿，所以順手就把袋口用力撕開，如果沒有辦法一次將零食一次吃完，不小心撕壞了包裝，還要再去找承裝零食的容器，或另外用封口器具或保鮮袋將它們收好。隨手撕開的包裝袋上緣，通常會有個醜醜的不規則裂口，不但要拿取零食時卡卡的不順手，看著不工整的袋緣，心情也覺得「阿雜」。

我家日常使用的剪刀只有一把，為了能讓自己養成好好開包裝的習慣，我將它掛在客廳跟開放式廚房中間的架上，需要使用的時候可以輕易取得。日常不管開箱或打開包裝袋，都可以很直覺的拿起剪刀，把包裝平整地剪開。

別小看這個小小動作，不管在取食或後續保存上，都更輕鬆快速，從此我不需要再為被暴力破壞的包裝袋，另找儲存容器，也可以輕鬆地用夾子或橡皮筋直接封住袋口，感覺方便又舒心。直接「一撕為快」和「找把剪刀剪開」，後者看似「慢」，其實反而節省更多時間。

✓ 多用「心」保養

再來，是每天多花十分鐘保養。這裡提到的多花十分鐘，不是要大家多使用保養品，而是在減少或維持現有保養程序下，多花一些時間感受跟觀察皮膚的變化。

曾經，我花非常多時間上網搜尋保養品資訊，因為保養新品不斷推陳出新，消費者對於新商品的耐心反而越來越低，常常希望它們能迅速產生功效，忘了給皮膚一些適應時間，往往試用一小段時間後，覺得沒效就急著再找更速效的產品，不知不覺進入一個不斷更換保養品的惡性循環當中。

隨著新保養品的推出，我的保養程序也越來越繁複，從原本的基礎保養：化妝水、精華液、乳液之外，又延伸出濕敷化妝水、前導精華或混合精華液，甚至疊加油類產品一系列繁複過程。到了晚上，也有各種不同類型的去角質產品和保養面膜等著我，

諸如水洗式面膜、片狀面膜、晚安面膜，交互替換使用著。而這樣的使用習慣，讓我更難辨別哪些產品適合我，哪些卻可能導致過敏。又因為每天的生活節奏忙碌，總是在睡前或臨出門前才匆匆擦上保養品，沒有給皮膚時間好好吸收，這樣胡亂抹上任其堆疊的方式，最終導致我的臉部肌膚產生酒糟過敏反應。

練習簡單生活之後，我的保養步驟也大幅縮減，目前的保養程序基本上就是化妝水搭配乳液或乳霜，在特別乾燥的季節，可能會多加一個保濕精華。粉刺特別多的時候，適量用溫和的酸類保養品增加代謝，雖然保養程序減少了，可是我會花更多時間照顧皮膚，慢慢進行每一步保養步驟。擦上保養品後，我用溫熱的雙手輕輕按摩，加速皮膚的吸收，也可以透過觸覺，真實感受並觀察皮膚的狀態。透過這種練習，除了更能享受保養時光的療癒感，也更能分辨自己的肌膚狀態，知道當天需要的產品跟用量，膚況也因此更為穩定。

✓ 重溫閱讀文字的樂趣

減少懶人包閱讀，是我練習慢生活之後，戒斷的另一個習慣。

小時候不管看書還是看電視、電影，選項比較少，連帶人好像也比較容易靜下心來，一邊聽著喜歡的歌曲，一邊翻看有趣

的書籍，或是好整以暇看完一部慢節奏的電影。不記得從什麼時候開始，周圍湧入的資訊越來越多，時間卻越來越少，因為生怕漏掉什麼資訊跟不上流行，或是希望空出時間處理「更多事」，網上開始出現各種懶人包類型的統整文字，不管新聞、社會事件的前因後果分析，甚至熱門影集、電影、書籍，都出現濃縮版本，例如「一分鐘看電影」或「快速了解一本書」，懶人包文字就像大力丸，服用後讓人迅速進入狀況，了解事情的來龍去脈，掌握一手情報。

這樣的懶人包內容，變成許多現代人依賴的閱讀習慣。不可諱言，它提供了方便快捷的選擇，但遇上我們喜愛的書籍，如果也選擇這種方式囫圇吞棗，很容易變成零碎閱讀，表面上好像接收了很多資訊，讀了很多書，但仔細回想，所讀的內容都只有模糊概念，本來讓人愉悅的閱讀時光，被破碎片段的懶人包取代，想想實在可惜。

自從購入閱讀器，我重新培養閱讀習慣，把時間用在真正想看的書籍上，才發現慢慢閱讀能讓人收穫更多，也許每天只能讀十五到三十分鐘，需要花上兩三個禮拜，才能看完一整本書，對於資訊量超載的現代人來說感覺很奢侈。但透過緩慢的閱讀，對於書本的內容能有更清晰的理解，也因為拉長了接收資訊的時間，更能獨立思考與判斷，閱讀時光也更開心及踏實。

✓ 專心一事

最後一項練習是「一次只做一件事」。這個練習聽來容易,執行起來的難度卻比前面幾項都高出許多。仔細想想,以下這些情況是否曾出現在你的生活中?

打開電視的同時,也滑開手機追蹤社群活動;吃飯的時候就算有同桌人,也情不自禁回訊息或無意識的滑手機;明明坐在電腦桌上工作,卻習慣成自然地打開 podcast 聽節目⋯⋯在資訊爆炸的今天,沒跟上某部影集,不知道哪個熱門新聞,或少聽了某集 podcast,跟同事朋友聊天的時候,好像就會少了一個話題,為了廣泛收集當紅資訊,久而久之,同時做兩件事,已經變成我們生活的常態。

因此要練習「一次只做一件事」,對於習慣多工的現代人來說,可真是高難度任務,建議從一些小地方著手改變:首要是為這個經常一起做的「第二件事」,創造一個「麻煩環境」。

以我個人例,跟絕大部分人一樣,我最常做的「第二件事」,就是滑開每天形影不離的手機。自從決定練習專心一事之後,我先固定手機充電的位置,不用手機的時候,通常會把它收在充電座上面,因為懶得移步去拿,在做事當下就可以好好專注

在正事上面。例如假日晚上，想在家專心看部電影，或是吃飯的時候，跟身邊的人聊聊今天發生的趣事，專注細品眼前菜色。

而在當下正事做完之後，因為沒有「第二件事」的羈絆，也比較有動力立刻展開下一件正事，例如馬上起身去洗碗或出門散步，不會因為同步做著「第二件事」，讓人產生一種繼續坐著也沒關係的錯覺，或是因為懶得起身，乾脆一直賴在椅子上滑手機而不自知。

練習不完美

身邊有些人總是嚴以律己，不管生活還是工作，都花了很多時間跟精力追求極致，但是工作、家庭兩頭燒的情況下，常聽他們哀嘆被壓得喘不過氣來。不知道大家有沒有以下這種經驗？辛勤上班一整天後，回到家常常呈現能量耗盡的狀態，癱在沙發上環顧四周，看到昨天放到現在的水杯、散落的衣物，煩躁感立刻原地拉升。不害臊地承認，維持居家整潔一直都不是我的強項，甚至曾經養成對雜亂視若無睹的能力。開始練習簡單生活，也是因為經過好幾輪痛苦的搬家經驗後，才慢慢理解到，生活中購物帶來的快感，根本敵不過疏於整理的惰性。

聽起來有些弔詭，這樣不完美的我，為什麼還要練習不完美呢？

其實，不管處於什麼階段、狀態，都會想要督促自己往更好的方向前進，這當然不是件壞事，不過這樣的心態，常常在不知不覺中給自己太大的壓力而不自知。尤其在現代社會，多工與多重角色切換，好像是一個通往成功的標籤，卻往往因此犧牲大把時間跟精力，最後反而對自己在各個領域的表現都不甚滿意。

為了降低這種焦慮與挫敗感，我藉由「練習不完美」，將生活中的精力留給那些對我來說更為重要的事物。而在實際演練後，我發現練習不完美有以下兩大好處：

第一個是更能接受自己的不足。從學生時代到進入職場，或是進入家庭成為父母，追求完美的人總是渴望精進各種技能，卻很少花時間練習接受自己的不完美，所以我們總是害怕失敗，對於不如己意的事也容易感到挫折。當我們練習接受自己的不足，知道不必事事做到完美，擴大對小事的容錯率，就能降低完美主義帶來的焦慮與挫折感，並接受「不完美也很美好」的自己。

練習不完美的第二個好處，是讓自己從隨時緊繃的狀態中解脫出來，並且有意識地降低對於某些事的要求標準，就算沒有做到心目中的一百分，也能因為了解降標的好處，進而坦然面對。以家務事為例，在有同居人的情況下，由於每個人對於居家舒適度的標準都不一樣，如果事事要求做到自己心目中的完美程度，最後通常落得自己動手，久而久之就會累積過多壓力，為將來的爭吵埋下種子。

不完美也很好

如果你也想體驗這種「不完美的快樂」，以下提供幾種練習方法：

 不完美練習①：降低標準

我提供的第一個方法是「降低標準」。

因為不太喜歡清潔工作的緣故，過去的我總認為，既然要打掃就要一口氣整理完畢，免得拖拖拉拉做上好幾天。目前我跟兩貓的住處雖不大，但若要追求完美，三房兩廳的範圍整理起來並不輕鬆，常常一兩個小時就這樣過去了，後面的工作反而被延誤，每每想到要整理便提不起勁。

這時候若能降低標準，改成每天花十五分鐘，只進行一個重點區域的打掃，雖然成果稱不上完美，卻能無負擔地將清潔工作融入生活日程中，執行起來就輕鬆多了。我也深知，這樣的清潔安排，充其量只能維持基本居家整潔，但不需要事事做到盡善盡美啊！也不用挑剔自己，剩下的打掃工作，就留待週末空閒時再做，或是定期找專業清潔人員幫忙吧！

✓ 不完美練習②：容許出錯

第二個方式是「給自己做錯的機會」。

以我自己為例，雖然稱不上是烹飪高手，但是從留學時期開始，因為想念家鄉味以及省錢，習慣自己在家準備三餐，到現在為止，陸陸續續已有十年經驗。很多時候我煮的都是自己習慣做的料理，偶

爾也會想要嘗試新菜色，我會上網先看食譜，希望能復刻出一樣的好滋味。

在練習不完美生活後，我開始嘗試丟開食譜，憑著直覺拼湊出心中想像的佳餚。不瞞你說，這些創意菜有的很成功，但也偶有失敗之作，透過這樣的練習，雖然增加了試錯率，但也降低了對成果的期待，使我在料理過程中，更能保有一絲鬆弛感。做出成功的滋味固然成就感滿滿；但就算失敗了，也能坦然面對，畢竟勇於嘗試才是練習的重點。

因此，當我一邊試吃，一邊笑著對自己說：「今天煮的這道菜真難吃呢！我們下次再嘗試新的料理方式吧！」我清楚知道，我又靠自己更近一些了。

✓　不完美練習③：不求一次到位，只求逐步靠近

第三個方式是「不要求自己一次到位，只要逐步靠近就好」，也就是我之前提過的「把一件大事拆解成幾件小事」。

大家都知道，要維持一個地方的整潔，基本工就是物歸原位，如果可以隨時隨地都把東西放回原本該在的位置，那麼空間的視覺雜訊就能減少。但在現實生活中，我們常常無法做到立即物歸原位，要

不是發懶想著「我有空就會處理」，就是覺得還有更要緊的事待做，放一下也不會怎麼樣吧！

其實就算整理水杯這麼小的事，也能拆解為兩三個動作：第一個先把喝完的杯子拿到廚房，第二個清洗杯子，第三個再將洗好的杯子擦乾並歸位。試想日常在家的情景，如果起身想把杯子放回廚房的同時，正好有工作進來或馬上就要出門，碗槽中待洗的又不只一個杯子，那麼清理過程將會拖延到當下行程，進而讓我們更不想處理。

但如果將這件小事拆解成剛剛說的三步驟進行，執行上就容易多了：起身的時候，只要把杯子從現在的位置，順手放到離廚房較近的地方，下次需要去廚房的時候，經過這個中間點，再將杯子帶進廚房清洗，因為是「順便」移動，並不會為當下帶來什麼負擔，所以執行時更輕鬆容易。

同樣的道理也可以運用在工作上，與其設定一個可望不可即的大目標，不如先把想要達成的目標拆解成多個小目標，不求拚盡全力一次到位，而是一次只要做到一個小目標，雖然還不完美，我們卻因此往真正的目標前進了一步。

所有人的時間與精力都有極限，與其對每件事錙銖必較，何不用更

適合自己的方式去安排重心，不追求事事完美，才能把精力放在真正重要的事物上。曾經有觀眾問我：「有小孩的家庭要怎麼維持極簡或一塵不染的居家環境？」

我想，小朋友的成長就是一個階段，家裡可能多了各種嬰兒車、玩具或輔助用具，初為人父人母不妨樂觀接受這個混亂卻美好的時期，將重點放在陪伴小孩長大，這樣就不會糾結沒辦法達成極簡生活的目標。

相信我，有時候不完美，其實很美好！

學做自己的生活剪接師

三年前，因為新冠疫情導致生活停滯，我從零開始學習剪輯影片的技巧，當起自己的專屬剪接師。以專業的影片製作流程來說，剪接師不會是一部影片的主要舵手，觀眾通常很難感覺到他們的存在。身為一個兼職 YouTuber，從拍攝到剪接、後製，我全都一手包辦。雖然我的剪接技巧沒有什麼值得稱頌之處，但在這三年製作影片的過程中，我發現剪輯影片與簡單生活居然有著奇妙的相似之處。

怎麼說呢？從一個什麼都不懂的新手，我花了好幾個月時間，才梳理出適合自己的剪接流程。剪接影片的第一步，一定是整理素材，藉由了解手上擁有的素材內容與數量，按照需求分類排序。接著要篩選片段，先把最重要的片段選出，才能理出不過於冗長的故事線。再來才是流暢的說故事能力以及去蕪存菁的刪減功力。

我發現在這個流程中，適當的暫時離開剪接工作，能更客觀地用不同視角觀察影片脈絡。非常有趣的是，這些過程恰好與簡單生活中的斷捨離、尋找自己喜歡的生活方式、減去不必要的焦慮因子，以及給自己創造留白空間，都巧妙的不謀而合。

自從發現這個相似性，在練習簡單生活時，有時我也會跳出來站在第三者角度，結合剪接原理觀察自己的生活選擇，對我來

說，以下幾點感受特別深刻，整理出來跟大家分享。

✓ **做好事前整理，有助通盤掌握**

要剪輯出一集完整的影片，一開始的片段整理最為重要。一個頭腦清晰的剪接師，會從整理素材開始，先把手上有的影片片段一字排開，再來決定每支影片的主軸，按照事件或時間軸編排，清楚地把雜亂的素材整理排序，並刪除無法使用的畫面。這個動作做起來繁雜，要將所有片段看過，一一確認內容，實在說不上有趣；但如果前置作業可以分類得越清晰、先後順序理得越合理，對於後續評估、縮短工作時間幫助越大。

在簡單生活練習中，不管是要進行物品的斷捨離、調整自己的生活步調，甚至是管理焦慮的情緒等，事前的整理對我來說都是最核心的關鍵。舉例來說，當初整理衣櫃時，一開始本來想採分區整理，但整理之後才發現，單憑當下的心情與感覺，整理起來好像沒什麼頭緒。唯有當我把所有衣物一字排開，按照季節、顏色與功能分類後，才能清楚理解自己的購衣習慣，以及哪些類別的衣服在衣櫃中佔比特別高，結合自己平日的穿衣喜好，才開始對於自己期待的衣櫃組成樣貌，有了通盤的規劃與想像。

✓ 懂得篩選，讓重要的事保持重要

整理好素材之後，接下來是篩選片段，也就是找出那些適合的畫面。篩選素材首要挑出精華片段，可能是自己特別喜歡的，或是對於這支影片的故事有重要意義的畫面。同樣的在生活中，篩選也是重要的步驟。

我在《少，但是更好》這本書中讀到的一句話：「最重要的事情是讓重要的事保持重要。」乍聽之下有些繞口，一開始讀到，我放下書本思考了一會兒，咀嚼之後才明白，有時候我們會因為生活中的雜訊或別人的期待，改變了前進的方向；有時則是因為不知如何拒絕邀約，耽擱了重要的事，像為了參加不必要的應酬，犧牲與家人相處的時光；工作上因為主管臨時交辦的事或同事需要幫忙，拖延了原本需要完成的工作；甚至是，睡前不小心被手機訊息吸引，一不注意就滑了一兩個小時，睡眠時間硬生生減少了。

作為自己的人生剪接師，我們該做的是把這些「重點片段」挑出，不要因為其他短期任務或藉口，阻礙了我們的道路，在不知不覺中遺漏了生命中重要的事。換句話說，我們要為那些真正重要的事規劃行程，例如珍惜與家人團聚的時光，記得每週空出一個時段在家好好吃飯；正面臨轉職或為前途迷惘的人，

要騰出時間與心力，為自己安排進修課程與思考時間，以增加新的技能，並看清自己真正的興趣所在；至於那些感到身心特別疲累，希望能有足夠休息的人，不妨試試幫自己設個上床鬧鈴，鈴響了就乖乖上床吧！

總而言之，我們要先為自己重視的人事物預留時間，把時光留給生活中的「重點片段」，珍視這些對我們來說真正有意義的事，才能幫助我們不斷往想要的目標前進。

 編輯生活，將喜歡的片段變成亮點

確認了想要的片段，就要開始編輯影片了。雖然我們的生活跟剪接影片不同，沒有辦法重複回播，把不適合的生活片段縮減，不過我們可以透過分析，選擇自己想要投入多少時間與心力在不同的事物上，達到事前編輯的效果。也就是說，仔細考慮自己目前生活中有哪些重要的事，它們值得花費多少心力與時間，並按比例分配在這些不同的事物上。

舉例來說，如果你對目前的工作不滿意，與其把下班後的精力放在抱怨發洩上面，不如把時間省下來，思考一下有沒有改進的方法，或乾脆利用這些時間去進修，找到轉職、轉業的契機。再譬如，有人每天花一兩個小時看社群貼文，羨慕別人的生活，

不如放下手機，找件自己真心喜歡做的事，幫生活加進亮點。

對每個人來說，時間是世上唯一公平的東西，學做自己的生活剪接師，最出色的技能便是在有限的時間內，盡量縮短那些對我們沒有意義的事物，而把更多重心留給精彩的片段。

✓ **忙碌之後沉澱一下，喘息帶來養分**

最後一步，在確認影片完成前，先沉澱一段時間。

通常在剪完一部影片後，我習慣空個一兩天，先去做些別的事，再回來最後觀看，並確認影片的完成檔。這樣做的好處是，因為離開這項工作一陣子，再回來重看影片，會有種新鮮感，比較不容易因為反覆查看，看到發膩，不願意好好確認各項細節。另一個好處是，由於有時間跳脫剪輯的情緒，再回頭檢視時，往往會發現之前沒有注意到的誤區，或是又想到新的好點子。

在資訊爆炸的網路時代，我們習慣接受各種資訊的餵養，也許快速得到一些消息，卻也讓專注變得更加困難，這時候偶爾跳離一下，對於整理思緒其實很有幫助。我發現自己最喜歡的幾個影片主題，都是放空時突然出現在腦海中的，可能是心無旁騖正在插花的下午；或是把手機留在房間，一個人在客廳打掃

的時候，點子就這樣靈光乍現。

有時，我為了工作提案沒有進展感到苦惱，可能透過睡前五分鐘的書寫，找到不一樣的方向。當然，每個人的生活型態不同，所以，不管是給自己一整週的假期，或是一個下午遠離外來資訊干擾，甚至是每天十分鐘的手沖咖啡時間，都能在忙碌的生活中，為我們帶來一些喘息機會，就好像電腦或手機需要重新開機，才能讓雜亂卡住的程式重整，透過這些生活中的小小沉澱，我們才能編輯出更滿意的人生風景。

瑜伽、冥想、自由書寫，
我的身心靈療癒師

歷經幾年疫情籠罩，這個世界好像漸漸變得不太一樣，就算在家工作的我，也能明顯感覺自身的轉變。從一開始的恐懼不安，到中期耐不住性子，心情躁動，慢慢地人沉澱下來，開始接受這就是我們的現況。

這段期間許多人的關注焦點，從向外看轉而往內尋找，因為出門的機會大幅降低，花銷從每天出門要穿用的行頭、衣物、包包以及外食餐費，逐漸轉向居家用品、香氛或按摩器這一類照顧自己的生活用品，很多人放棄外食，開始在家備餐，為自己和家人料理一日三餐。大家對於居住場所的舒適度也越來越重視，各種訂閱平台開發出在家就能做的運動節目，或是教人如何在家蒔花種草，讓家居生活更多采多姿。

在世界緩慢轉動的這三年間，我很幸運發展出在家工作模式，能維持正常生活無虞，不過因為減少了與外界接觸，當生活中遇到一些煩心事的時候，常感覺自己的心無處安放。於是在疫情的中後期，我將大部分精力轉向內在，並藉由一些日常練習，觀照自己的身心狀態，讓自己能坦然面對各種挑戰，或是在碰到挫折時，能安靜下來好好陪伴自己，循序漸進將身心靈調整到更為平衡的狀態。

現在，我從這些日常練習中，挑出幾個比較容易持續進行，對生活也有顯著幫助的好習慣，跟大家分享。

✓ **透過瑜伽與身體對話**

第一項是瑜伽運動。雖然感覺有些老生常談，但根據我的親身經驗，做瑜伽，即使只是入門款，都是讓人倍感成就的身心靈活動。

一開始在家做瑜伽是為了喚醒身體，早晨的時間做十五分鐘流動瑜伽，能幫助打開身體的動能，增加每日的運動量。後來因為加入固定的瑜伽教室課程，有了更多活動筋骨的機會，我也將這些學習到的瑜伽新動作，輪流加入晨間瑜伽時間裡。除了有動感的流動瑜伽，我會觀察每天的身體狀態做選擇，有時候是靜態的陰瑜伽、釋放壓力的哈達瑜伽，或是需要道具的修復瑜伽，至於選擇哪一種最適合，端看當天的身體狀態與心情。

在這樣多方交錯的練習中，我發現瑜伽對於身心靈的平衡，提供了以下幾項好處：首先是緩解壓力，瑜伽結合身體的運動、呼吸控制和冥想，有助放鬆緊張的肌肉和思緒，透過每日練習，可以幫助釋放壓力和焦慮，使心智平靜，也提升心理健康。尤其在感到壓力特別大，或焦慮隱約浮現不知如何排解時，透過

強調呼吸練習的的陰瑜伽，便能幫助我們將能量拉回自身，回歸心靈的平靜。

再來是提升身體的靈活度與增強力量。瑜伽的姿勢和流動動作，有助增加身體的柔軟度，透過伸展強化全身各部位的肌肉和關節，尤其透過各種瑜伽姿勢和肌肉的抵抗性訓練，可以增強肌力和耐力，對於改善姿勢、增強平衡感及協調性都有很好的效果。而在感覺身體動能不夠，或關節卡卡的時候，我喜歡做動感的流動瑜伽，靠它伸展筋骨，提升循環，啟動嶄新的一天。

長期練習瑜伽還能促進身心連結，通過觀察和感受身體的各個部位，可以更好地了解自己的身體狀態及需求，並且平衡體內的能量流動。當然，要維持每天的練習並不容易，有時候我也會因為身體懶懶的，有種想放棄的感覺，不過藉由更換不同種類的瑜伽練習，按照自己當天的情緒與感受做選擇，就能在不強迫的情況下，維持這個與身體互動的好習慣。

✓ 練習冥想重新認識情緒

下一個日常身心靈維護，是養成每天冥想的習慣。

一開始嘗試冥想時，曾經因為找不到適合的方法，斷斷續續放

棄過好幾次。原因不外乎冥想的時候思緒常常亂飄，腦中會浮出各種雜事或聲音，要不就是感到煩躁難耐，就算定了鬧鐘，心中還是不斷想著：時間還沒到嗎？到底還要多久？沒辦法進入靜心模式，曾經讓我倍感挫折。然而一直沒有真正放棄它，是因為冥想對我有種莫名的吸引力，總想著回頭再嘗試看看吧！

經過一年多的努力，看了一些資料與影片，也參加過相關課程，才知道不管能否立刻進入狀態，都不需要心急，只要按照自己的步調，穩紮穩打慢慢練習，抱持放鬆的體驗心態，不要預設任何目標與期待，透過堅持和努力，我終於找到適合自己的冥想時間、場所與方式。

如果是初學者，建議可以先搜尋自己喜歡的音頻，野心不用太大，選擇較短的課程就好，從十分鐘以下的冥想開始，不需要固定冥想的時間段，只要觀察在不同的時間長短、場所及時段下，自己當下的狀態與感受，將這十分鐘當成觀察自己的小實驗即可。

找到喜歡的方式，開始有種「欲罷不能」的感受之後，就可以嘗試增加時長與頻率。中間的過程每個人不太一樣，切記不要像我一開始太心急，或想要馬上看到效果，重點是觀察自己的狀態，並隨著舒服的步調一點一點調整。

現在，我幾乎每天都會進行冥想練習，也開始體會到冥想帶來的好處。這些回歸自我的時間，可以提升注意力和專注力，透過觀察呼吸或其他感受，讓思緒平靜下來，不但有助頭腦的清晰，對於效率提升也有很好的效果，腦袋裡亂糟糟的思緒較少出現。

除了有效放鬆身體和平穩思緒，冥想也能減輕壓力和焦慮，藉由冥想時身體的自然放鬆，降低壓力荷爾蒙的分泌，有助提升心理健康。另一項很有感的是，冥想增強了調節情緒的能力。定期冥想可以提升覺察力，幫助自己觀察情緒的生起與消融，學會接受和看待各種情緒，在它升起的時候，以更冷靜的態度回應，對於情緒的穩定性和平衡性都有很好的療癒效果。

每日的冥想練習教會我，唯有了解和接納身體的感受與需求，才能更好地照顧身心健康。

✓ 無壓力的自由書寫，找到身心平衡

最後一項幫助我照顧身心的方法是自由書寫。它是與我一拍即合的日常練習，不但一開始接觸就喜歡上，也覺得對於身心平衡有很大助益。

自由書寫是一種無壓力、無限制的書寫方式，可以帶來許多好處。練習一陣子後，我最大的感受是，這種毫無壓力，沒有任何限制且能自由揮灑的書寫活動，很好的釋放了我不知如何安放的情緒，並且更深入的探索自己的內在世界，在解決問題與提升創造力上，都有一定幫助。

進行自由書寫的方法有很多種，每個人的習慣可能不太一樣，我自己練習的時候會指定一段時間，利用鬧鐘設定一個固定的時間段，例如十五到二十五分鐘，寫到鬧鐘響了才停下來。設定時間可以幫助我更專注地書寫，不會中途想要看時間或想著其他瑣事。

再來就是，開始書寫後不要停下來，無論什麼內容，都不需要停筆或試著糾正錯字，盡量保持筆下持續動作，讓思緒自由流淌，不要擔心語法或內容的邏輯性，書寫的時候不要審視或評價自己的文字，只要讓腦中的思緒自由流露出來。在主題部分則不用給自己太多限制，可以是一個問題、一項關於人生的主題，或是單一的觸發詞，甚至只是不設限隨心所欲地書寫，藉由探索不同主題和想法，讓文字流露出內在的聲音。

在進行這些練習時，不妨使用一些精油香氣，幫助自己順利進

入情境，讓感覺平靜安適，也好像多了一道儀式感。香氣的選擇沒有太多限制，只要是能讓自身感到舒服，什麼樣的香味都可以。

我最喜歡使用的是，帶有木質香氣的聖木或線香，聖木因其獨特的香氣而聞名，具有濃郁、溫暖且柔和的味道。沉穩的木質調及檀香的香氣，為人帶來堅實與溫暖的感覺；聖木帶有淡淡的香草和香料味道，以及線香中獨有的檀香氣息，對我來說具有一種神聖感和平靜感，有助於創造寧靜和放鬆的環境，加上這兩種香氛的使用不需要太長時間，可以配合我做這些練習的時間長短而調整，是身心靈平衡的好幫手呢！

人人都需要打造安全網

身為養貓人士，每次在社群貼上貓咪動態及貼文時，總是收穫一大批按讚數，許多貓奴甚至感同身受地回覆：當貓真爽！下輩子我也要每天這樣躺著。

說來有趣，剛從養狗人身分切換成養貓人時，對於貓咪悠閒的生活步調並不習慣，我常看著家裡的貓咪，想著：你們每天什麼都不做，就這樣躺著，會不會無聊呢？後來我發現，比起狗狗，貓咪似乎更有安全感，牠們不像狗，每天都趴在家門口等門，一有人回家就跟前跟後。

我家兩隻貓，除了聽到會威脅自身的奇怪聲響，如牠們極度厭惡的吸塵器怪物，或是出現特別感興趣的聲音，像打開零食的塑膠外袋、窗外小鳥啾啾叫，才會警覺或興匆匆的抬起頭來觀察，其他大部分時間，雙貓都安然或躺或坐，好整以暇享受當下時光。作為與貓咪同住的人類夥伴，除了欣羨，也讓我思考這種安全感為帶來的諸多好處。

跟貓咪相比，大部分人——至少我生活周遭的親朋好友，都有一定的經濟基礎，不需要為住所、生活所需或一日三餐憂心，但人類「想要的」好像總是比「需要的」多出許多。直到自己經歷一段情緒低潮期，低落的自己曾經不知道未來該往哪裡去，也有過萬念俱灰的悲傷時刻。

正因為這種切身經驗，我體認到建立自身安全感體系有多重要，有了這些基礎打底，在悲傷或感到向下墜落的時候，就好像空中張開一張大大的安全網，牢牢接住向下墜的自己，提供更多時間與空間的餘裕，再藉由身邊人的情感支撐，幫我度過人生這段非常辛苦的過渡期。如果可以，期待每個人都能找出自己的安全感來源，在日常生活中慢慢累積，希望有朝一日我們都能像家中的貓咪，悠然並自重的度過每一個日常。

那麼，又是哪些因素打造了我的安全感之網呢？

✓ 收支平衡的穩定經濟

若要討論安全感，免不了談到金錢，錢之於我雖然不是人生最大的追求目標，但穩定的經濟，的確能為我帶來一定的安全感。

所以對我來說，編織安全網的首要條件，就是健全的經濟體系。至於需要多少金額才算得上穩定，每個人生階段所需的數字也許不太相同，大約從開始工作以來，在隨時可動用的現金存款中，我至少都會保持六至十個月的生活費，這樣的習慣讓我感到安心，不會過於擔憂自己面對工作或收入上的變化。

而多出來的金錢，不論拿來投資、購入固定資產，或是任何形

式的運用都可以，我對於投資的研究不多，這也不是我特別有興趣或擅長的領域，像股票類型的風險投資，我投入的金額不會超過總資產的百分之二十，比起一般同齡人少了許多，也許就理財好手來看，會覺得過於保守，我卻因此感到安心。畢竟，每個人的強項與習慣不一樣，只要觀察自己的生活方式與個性，便能慢慢找出適合自己的理財方法。

我管理金錢的原則，著重收入與支出的平衡，其中的一個重點是，不購入沒有辦法負擔的物品。我從以前就不喜歡分期付款這個概念，尤其使用信用卡消費，如果當下能力無法負擔，與其使用分期付款的延遲付款，我更傾向於讓自己延遲享受，除了降低入不敷出的壓力，在真正得到自己想要的物品時，也會更有成就感。藉由清晰的財務邏輯，並保持一定的經濟水平，對於日常生活來說，一定會感到更有安全感。

✓ 保持學習能力帶來成就感

保持學習的能力，是為我打造安全網的第二個條件。這點對於出社會一段時間的人來說尤為重要。隨著時代變遷和科技發展，知識也在不斷更新，自我學習使我們能夠跟上變化，並擁有不同的知識。不論通過閱讀書籍、研究文章，還是參加實體或線上課程，不斷擴大我們的知識領域，除了有助維持自身競爭力，

也不會因為工作內容單調感到無趣，或覺得自己一直原地踏步而導致焦慮。

保持學習能力，還有助於打開新的機會之門，透過學習和提升自己，我們擴大了人際網絡，建立新的職業關係，不管在生活還是工作中，都能獲得更多機會。除了上述好處外，有時候光是透過學習過程，便能讓自己充滿成就感。

有些生活緊湊的人可能會想，我每天的時間都不夠用了，哪裡有餘裕學習新知呢？

其實學習不一定需要有特殊目標，只要在工作與生活的空檔中，抽出一點點時間給自己，利用零碎時間補充學習能量，無論是學習一道新的食譜、嘗試用新的方式進行個人行程規劃、甚至學習用一個新的 App，這些看似微不足道的小事，長久累積起來，不論在技能或心靈層面，都會在生活中起到不小的加分作用呢！

√ 健康的身體陪我們走更長的路

第三個重要的安全網條件是健康的身體，雖是老生常談，但對所有人來說，這一點都是最重要的。尤其在遇到困境時，心情

的低落很容易影響身體的狀態，如果平時沒有保持良好的身體素質，身心交互影響下，可能更會感到疲倦及脆弱。

醫學研究指出，身體健康能夠提高我們的生活滿足感，更能享受生命中的美好時刻，並更好地應對壓力。如何維持健康又不會對生活造成壓力，適合每個人的方式雖然不盡相同，但不論什麼方式，不外乎調整飲食與運動這兩大範疇。

作為一個長時間在家的居家工作者，我有幾項每天都會做的練習，透過它們，我與自己的內心相處，也藉由這些習慣照顧好身體健康。首先，我會利用早晨瑜伽喚醒新的一天，中餐時加入每天自製的蔬果汁，攝取不同的營養素與補充纖維質。

居家工作最大的好處是不需要外出，但有時這也是缺點，一整天埋首於電腦桌前，常常會有一種待在原地的感覺，因此晚間吃完飯稍待休息後，我會進行一個小時的散步，除了活動筋骨，還能脫離熟悉的空間，給自己一段安靜獨立思考的時間。

✓ 和諧的家庭關係是生命中恆亮的燈

擁有和諧的家庭關係，對我來說是很重要的人生資產，它當然也是成就一張安全網的重要條件。

每個人與原生家庭的相處時間與親密程度都不一樣，但成長過程中，或多或少都會在某個階段，意識到我們想與原生家庭拉遠一些距離，就算與父母同住，也會因為生活中加進其他重要事物，減少彼此的互動與影響，有時甚至因為這樣，漸漸疏遠了彼此之間的聯繫。

我從出社會後，才開始慢慢建立自己的生活。但是，無論怎麼樣的距離或關係狀態，我們與家的連結都會一直存在，所以與家人保持良好的聯繫，能很好地安定我們的內心狀態，如果可以找到一種與家人平衡相處的方式，是一件很幸運的事。不管在什麼樣的人生階段，順境或逆境，只要知道自己隨時有家可回，不管在什麼情況下，都有人無條件的接受自己，自然能為我們提供一種安穩的感覺。

✓ 不再隔著社群面紗看待人事物

最後一項我認為很重要的安全網，是對於周遭人事物保持開放心態。

現代社會，人與人可以輕易透過社群網絡進行交流，但正因為這種方便性加上忙碌，人們見面的機會少了，總是隔著社群面紗看待周圍的人事物，進而產生疏離感，讓我們單純只用自己

的角度評斷他人生活，看著社群上的名人、KOL，或身邊友人分享的生活日常，忍不住羨慕，心想：為什麼別人的人生看起來這麼輕鬆愜意？為什麼他能擁有這麼多東西？卻忘記同樣使用社群的自己，總是習慣展示生活中美好的那一面，這種報喜不報憂的傾向，很容易讓我們只看到別人展示的單一面向，忘了對身邊的人保持一種更開放的心態。

我是那種老派愛講電話的人，一直到現在，都保持著與親近朋友聊天的習慣。比起在網路上的打字交流，我更喜歡面對面，或至少能聽到聲音的溝通方式，透過這些直接的交流，能讓我更多面地了解身邊的人，也更能用開放的角度看待生活中的人事物。遇到困境時，比較不會一下子就陷落，產生「為什麼這樣的事會發生在我身上？」「我真是世界上最慘的人啊！」諸如這類自艾自怨的心態，因而比較能跳脫受害者心理，理解這個世上的不同角落，每天都有各式各樣的事情發生，轉而將焦點轉移到自己可以如何梳理與面對。

另外，一旦知道自己不論碰到什麼事，絕對有其他人也碰過一樣的情況，就能用不同角度觀察同一件事，收穫自然不一樣。

能一帆風順度過人生，是每個人心中的共同期盼，但若能在日常生活中，一點一滴建構起支撐自己的安全網，相信遇到挫折、

感覺跌落谷底時，我們將接收到當下最需要的扶持與愛，進而
幫助自己快快爬出泥淖。

學會做自己的啦啦隊

說實話，有很長一段時間，我不曾好好陪伴自己度過低潮期。可能是從出社會開始工作後，或更早之前，生活變成一項項任務串連的組曲，而所謂的低潮，就轉化成一個個具體的難關，好像只要解決掉這些難關，表面下的情緒也一併消失殆盡。時間久了之後，我因此認定自己是個情緒不多的人，頂多有點急躁，只要事情處理完就沒事了。

直到開始探索自我，在過程中才認識到這些被埋藏已久的情緒，它們就像潮汐一樣，有時高漲到似乎要把我淹沒，但只要靜靜等待，潮水總有退去的時候。這樣想來，低潮期似乎也沒有這麼可怕，好好利用的話，能幫助我們放慢腳步，休息片刻後，更穩固堅定地朝向想要的方向前進呢！

在低潮期容易感到焦慮的我，也開始嘗試各種小方法，幫助自己減緩焦慮情緒，不需要馬上解決難關，或是逃避這些情緒，練習耐心的陪伴自己。雖然適合每個人的方法不盡相同，但如果你也同樣遇到低潮，想稍微浮上水面喘口氣，不妨嘗試以下幾件小事，也許能找到適合自己的方法喔！

✓ 沉浸式整理讓腦袋澈底放空

首先是花時間整理歌單或書單，平常看到有興趣的書或想聽的

歌曲，我習慣儲存起來晚點再回來看，通常過一陣子會著手整理，卻常忘了好好回顧。後來發現，每次遇到讓我煩躁的事物時，腦海裡總是轉個不停，無法停止回想，當下與過去不斷較勁。碰到這種情況，我發現整理清單是個不錯的方法，透過整理與歸類過程，可以把注意力鎖在分類這項工作上，透過專注讓頭腦放空休息，完全沉浸在當下的任務中，而把亂糟糟的清單整理完畢之後，也讓自己得到成就感呢！

絕大部分人碰到低潮，都會有什麼都不想做的感覺。每一天我們都有許多例行公事待辦，像是居家清潔整理、固定的運動習慣、幫自己備餐，還有日常各種瑣碎小事，更別提工作中那些總是做不完的大小事情。不論當下面對什麼困境，但凡感到低潮時，做什麼都提不起勁來，與其勉強自己打起精神完成所有事項，或是乾脆擺爛什麼都不做，一味沉溺，我盡量讓自己保持中庸——只做百分之五十的例行公事，並且輪流執行。

例如今天不想花時間煮飯，那就點外賣讓自己休個假，但是維持簡單運動伸展的習慣；或是實在不想打掃，不妨就利用這個時間泡個澡，讓自己待在浴缸中發呆一會兒。在休息與照顧自己的行為中，取得一個相對輕鬆、但仍在運轉的平衡。

✓ 請香氣幫忙舒緩情緒

當然，也有那些真的什麼都不想做的時候，別灰心，可以利用五感來療癒自己。平日很喜歡香氛的我，會按照季節或空間氛圍更換不同香氣，但在心情雜亂的時候，我特別喜歡點上聖木，天然木質散發的香氣，沉穩中帶著些許香甜的氣味，有種跟大自然連結的感覺，就算什麼都不做，也有被療癒的感受。

雖然嗅覺喜好因人而異，但通過點香或精油這種儀式感，的確能給自己一種心理暗示，就像透過行動告訴自己：「我知道你現在感到低落，沒事的，我們一起度過吧！」

不用香氛的人，可以試著為自己做一杯充滿香氣的飲料，我對於氣味特別敏感，在精神委靡的時候，利用帶有香氣的飲料，不管是清新的花草茶，還是讓人感到安定的手沖咖啡，或是辛香料濃烈的鍋煮奶茶，聞到蒸騰熱氣中撲鼻而來的花草香、茶香、咖啡茶，都能幫助我舒緩情緒，回到所處的當下。

✓ 看書、打電話、散步，找到陪伴自己的方法

當我對自己產生質疑或感到失望時，我喜歡為自己設計一些小小任務，透過完成這些小任務獲得成就感，來提升對自己的肯定。設計重點是：這些事必須很輕易就能達成。

像是起身幫家裡的植物澆水、把茶几上的遙控器收好，或是幫貓咪拍張可愛的照片。雖然不是什麼了不起的大事，也沒有必須完成的原因，但達成任務之後還是會帶來不同的成就感，也會減少失望或自責的情緒，很推薦跟我一樣喜歡完成任務的人嘗試看看喔！

如果時間比較充裕，另一項推薦的事，是找一本看了很多次的書，再重新好好讀一次。在情緒低落的時候，通常比較難吸收新的資訊，就連小說都常讀到恍神，好像怎麼樣都看不進去，這個時候我喜歡找一本舊書重讀，或是重看一齣看了很多次的劇，像找到一位老朋友陪伴一樣，創造一個自己的舒適圈，沉浸在熟悉的氛圍中，暫時不被外界雜訊干擾。

當低潮或焦慮比較嚴重時，打通電話跟朋友或家人聊天，則是最容易讓人感到支持與愛的方式。雖然現在通訊軟體很方便，訊息留言可以輕易地跟大家聯繫，但對我來說，如果沒辦法馬

上見面，透過電話聽到聲音的溝通，比起打字留言更有溫度和連結感，也更能傳遞彼此的情緒與感受。所以如果心中有想念的人，在那些低落的時刻，打通電話跟他們聊聊吧！

最後是，換上球鞋出門散步，至少三十分鐘。

如果是舒爽的春秋天氣，順道去公園曬十分鐘太陽，在心情低落時，碰到那些有陽光的日子，放下手上要做的事以及煩躁的心情，出門曬曬太陽吧！接收大自然提供的能量，雖然只有短短十分鐘，卻可以幫助我們放下雜亂思緒，讓腦袋稍作休息，請陽光給自己一個溫暖的擁抱。

如果是炎熱的夏天，我通常選擇晚上散步，除了溫度比較舒適外，晚間的巷弄有種安靜的氣氛，也格外讓人感覺舒心。運氣好一點的話，散步途中有月亮、星星作伴，看著看著總會讓我的心情平靜下來。透過散步能很好的放鬆身體，活動因焦慮緊繃的筋骨，幫身體重新注入能量。

找到陪伴自己的方式，是每個人都需要培養的技能與任務，不論低潮還是平穩，這些練習都能幫助我們與自己對話，從而更了解自己。

我的簡單生活練習

從衣櫃到心靈的斷捨離，擁有八十分就好的美好生活

作　　　者　艾波
責任編輯　呂增娣、錢嘉琪
校　　　對　艾波、魏秋綢
封面設計　劉旻旻
內頁設計　劉旻旻
副總編輯　呂增娣
總 編 輯　周湘琦

董 事 長　趙政岷
出 版 者　時報文化出版企業股份有限公司
　　　　　108019 台北市和平西路三段 240 號 2 樓

發 行 專 線　(02)2306-6842
讀者服務專線　0800-231-705　(02)2304-7103
讀者服務傳真　(02)2304-6858
郵　　　撥　19344724 時報文化出版公司
信　　　箱　10899 臺北華江橋郵局第 99 信箱

時 報 悅 讀 網　http://www.readingtimes.com.tw
電子郵件信箱　books@readingtimes.com.tw
法 律 顧 問　理律法律事務所　陳長文律師、李念祖律師
印　　　刷　華展印刷有限公司
初 版 一 刷　2024 年 11 月 15 日
定　　　價　新台幣 480 元

（缺頁或破損的書，請寄回更換）

我的簡單生活練習：從衣櫃到心靈的斷捨
離，擁有八十分就好的美好生活 / 艾波著. --
初版. -- 臺北市：時報文化出版企業股份有
限公司, 2024.11
　面；　公分

ISBN 978-626-396-910-0(平裝)

1.CST: 簡化生活
192.5　　　　　　　　　　　113015414

ISBN 978-626-396-910-0
Printed in Taiwan.

時報文化出版公司成立於 1975 年，並於 1999 年
股票上櫃公開發行，於 2008 年脫離中時集團非屬
旺中，以「尊重智慧與創意的文化事業」為信念。

我的簡單生活練習